「なるほど!」とわかる

マンガ はじめての
他人の
心理学

精神科医
ゆうき ゆう監修

西東社

人はひとりでは生きられない！

私たちは日々、人間関係のストレスを多かれ少なかれ感じています。すれ違いや誤解、イヤな相手、かなわない人に対して感じる劣等感など、こうしたストレスと無縁ではいられません。では、ひとりで生きていけばよいのかというと、それも難しいもの。

なぜなら、人にとって最大のストレスは「孤独」であったり、「無視」されることだからです。他人からの働きかけは心の栄養のようなもので、心理学ではこれを「ストローク」と言います。ストロークがないのは、水や食べ物がないのと同じくらいつらいこと。周囲から無視され、孤独に陥るくらいならば、たとえ「嫌われる」「怒られる」など、マイナスなストロークでもよいので得たくなるのが人間なのです。

好かれる、ほめられるなど、プラスのストロークは何よりうれしい。

無視されるなど、ストロークが得られないのは何よりつらい。

人間関係は必要？　ストレス？

人間関係のストレスは大きなものです。ある研究によると、職場での人間関係にストレスを感じる人は、うつ病にかかるリスクが５倍もアップするそうです。しかし、人間関係をなくしてしまえば、それはそれでストレスになってしまいます。

孤独のストレスは人の集中力を奪う！

ある心理実験では、被験者学生をAとBの２グループに分け、性格テストを受けてもらいました。そして、グループごとにニセの結果を伝えます。Aグループは「事故やけがをする」という結果、Bグループは「孤独になる」という結果です。

そのあと、被験者たちに「左右の耳に別々の言葉が流れているのを聞きとる」という作業を行ってもらいます。すると、孤独になると告げられたグループのほうが、正答率が低くなる結果となりました。

性格テストを行い、結果を通知。

↓

Aグループの結果	Bグループの結果
事故やけがをする あなたは将来、不注意で事故などによくあうでしょう。生涯にわたり、致命的な大けがを何度もするでしょう。	**孤独になる** あなたは将来、友だちがほとんどいなくなるでしょう。結婚してもすぐに離婚し、30代を過ぎても孤独なはずです。

↓

左右の耳に別々の言葉を聞かせ、それを聞きとる作業を行う。

↓

Aグループの正答率	Bグループの正答率
約90％	約70％

孤独のストレスにより、集中力が低下したと考えられた。

つまり！
事故やけがのストレスより、孤独のストレスは大きいのである！

人間関係にはちょうどよい距離感がある！

ドイツの哲学者ショーペンハウアーという人の寓話《ぐうわ》に、次のようなものがあります。

冬の寒さに震える二匹のヤマアラシは、体を暖めあうために近づこうとします。しかし、ヤマアラシは体中にトゲがある生き物。近づきすぎると相手のトゲが刺さってしまいます。この困った事態の末、ヤマアラシたちはバランスのとれた場所に落ち着きます。

人間関係も同じで、仲よくなりたいからと相手に近づきすぎると、関係がうまくいかないことがあります。しかし、傷つくのをおそれて距離を置いてばかりでは、心が寒々しくなってしまいます。誰かとの関係をうまくいかせるには、相手を知り、適切な距離感でつきあうことが大切だと言えます。

寒さに震える二匹のヤマアラシ。近づきすぎると痛く、離れると寒い。

試行錯誤の末、痛くもなく寒くもないほどよい距離を見つけた。

「ほどよい距離感」は人によって違う！

人それぞれ、周囲とのつきあい方は違います。相手と自分の「距離感」が違うと、相手を誤解したり、不満や違和感を感じたりする原因になります。

自分は近く感じる距離でも相手にとっては「自然」な場合がある

やけに顔を近づけて話してくる人もいれば、距離を置きたがる人もいます。これらは警戒心や好意の度合い、本人の性格、男女差などによるもの。相手との物理的な距離の取り方は人によって異なるのです。

▶P26

群れるのが好きな人もいればひとりになりたがる人もいる

誰かといっしょに行動したがる人もいれば、ひとりで自由に行動したがる人もいます。特に、前者は女性に多く、後者は男性に多く見られるため、男女の仲ではこれが不満の種になることが多くあります。

▶P20, 30

人に合わせたがる人もいれば自分の意見を貫きたい人もいる

周囲が自分に何を求めているのかをうまく察知して行動する人もいれば、周囲とは関係なく、自分の考えを重視して行動する人もいます。「空気が読める・読めない」といった言葉は、こうした行動傾向の違いを表しているのかもしれません。

▶P114

心理学の知識は相手を知るためのヒントになる！

そもそも心理学とは何でしょうか？　心理学は、行動や思考に隠れている心の働きを科学的に解明しようとする学問です。

考え方や行動のしかたは人それぞれ。同じ出来事があっても、人によって反応のしかたは違います。たとえば失恋したとき、周囲につらさを表現する人もいれば、やけに明るくふるまってしまう人もいます。いつもは気さくな人が突然攻撃的なことを言いだしたり、立場が変わったとたん人柄まで変わってしまったり、心はときに変化することもあります。

このような行動の裏に何らかの心理が隠れていることを知れば、相手を一方的に決めつけることも少なくなり、よりよい人間関係を築く助けになります。

心理学のはじまりは19世紀

心理学は心の働きについて研究する学問です。実験や観察、調査などの手法を使い、心のメカニズムを解明します。

近代心理学のはじまりは19世紀。それまでは、人々は主に哲学的なアプローチで心の世界を探求していましたが、19世紀の心理学者ヴントは、人にさまざまな刺激を与え、そのときに何を思ったか、聞きとり調査をする手法によって、心を解き明かそうとしました。それから、心を科学的にとらえる試みが盛んに行われるようになりました。

いまでは心理学の裾野は広がり、心のケア、犯罪や社会問題の解決、教育への応用、企業の商品開発や公共施設の設計など、さまざまな分野で活用されています。

誰もが偏った思考をしている！

誰にでも思考の偏りはあります。相手を理解するには、絶対的に正しい考え方などはなく、自分とは違う思考パターンもあるということを知っておくことが大切です。

ストレスを感じる状況で どんな反応をする？

心理学者ローゼンツァイクは、ストレスを感じる状況における反応のしかたを、次の９つに分けています。「事実」「原因」「解決」のどれに注目しているか、またそのときの発言は「相手」「自分」のどちらに向かうのか、それとも「誰でもない」のか、といった視点で分類されています。

たとえばこんな ストレス状況では…？

借りた本 なくしちゃった

9つの反応パターン

	事実	原因	解決
相手	事実×相手 例）なくすなんて、だらしないわね！	原因×相手 例）どうしてなくしてしまったの？	解決×相手 例）今度はなくさないでよ。
自分	事実×自分 例）なくすなんて、困るんだけど…。	原因×自分 例）早く返してって言えばよかったね。	解決×自分 例）私が探してあげようか？
誰でもない	事実×誰でもない 例）なくした？ そういうこともあるよね。	原因×誰でもない 例）部屋が汚いの？ しかたないよね。	解決×誰でもない 例）もう本の貸し借りはやめようね。

ほんと末っ子体質だよねー
長女体質

この書類なんですが…
ぐいっ

CONTENTS

気が合うねー
ねー
ねー

すごーい!!
またストライク!?
……
まぐれ
まぐれ

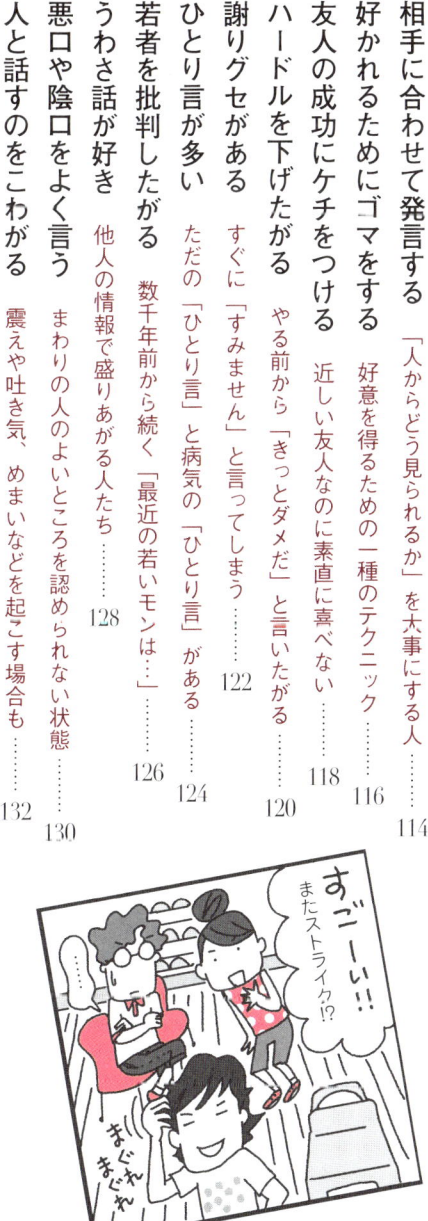

PART 5 チームワークのココロ模様……145〜182

なんて語られても困っちゃうよね
なにカッコつけてんだってね

CONTENTS

ドキ
遅かったね どこ行ってたの？

達成できないヤツは 評価が下がるぞ！ 頑張れよ！
こんなリーダーは いかが？

本書の見方

本書は、よくあるシチュエーションマンガとともに心理学の知識をたくさん収載しています。見開き完結なので、好きなページから読んでみてください。

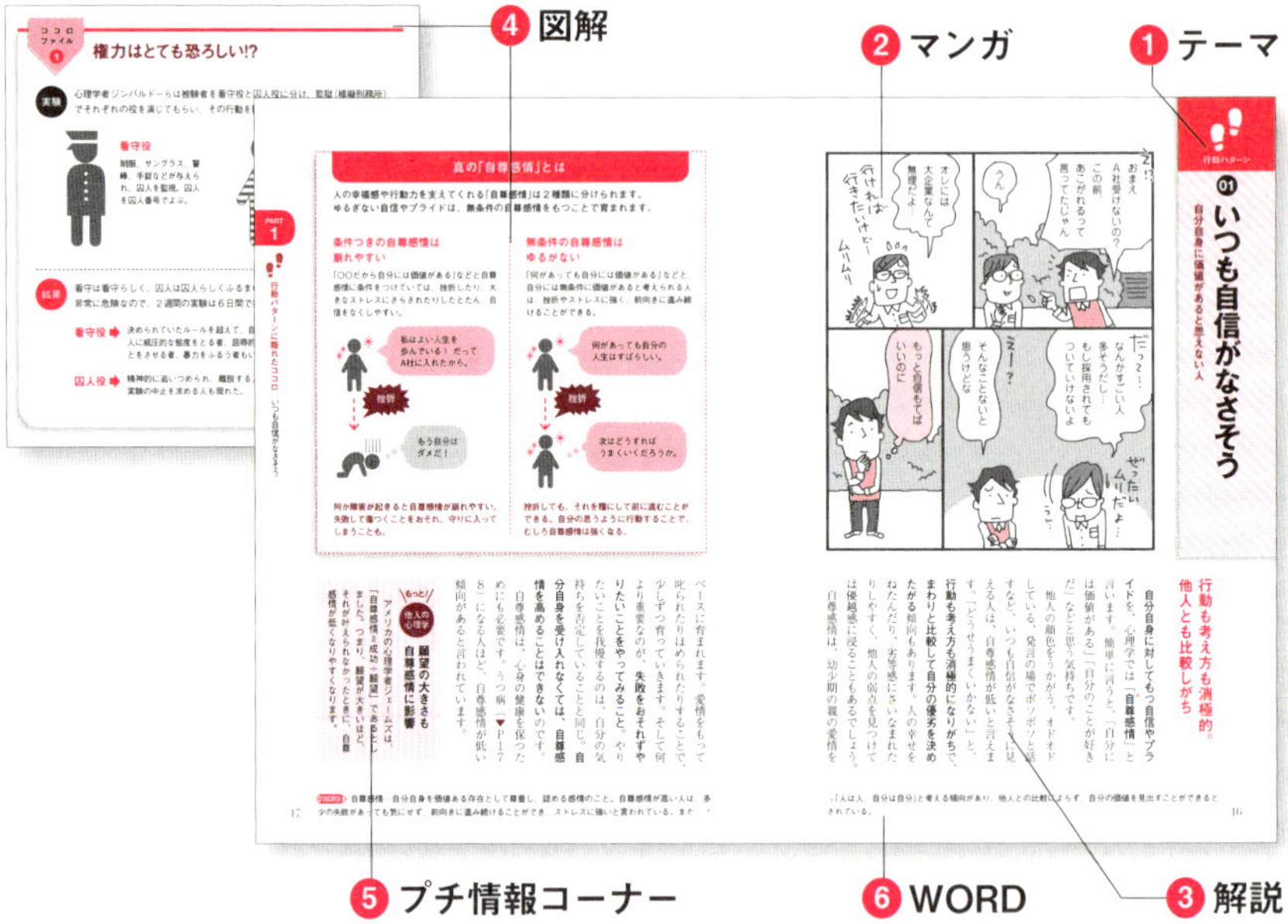

① テーマ

そのページの大きなテーマ。気になるテーマから読めばOK！

② マンガ

よくある行動や心理をマンガで紹介。あなたにも心当たりのあるシチュエーションが見つかるかも!?

③ 解説

マンガのシーンに関連する心理学の知識を紹介しています。

④ 図解

テーマの鍵となる内容をビジュアルで紹介。実際に行われた心理学実験を紹介する「ココロファイル」にもご注目！

⑤ プチ情報コーナー

もっともっと心理学を知りたい人のために、補足情報もたくさん集めました。

もっと！他人の心理学…補足情報や関連する心理学理論を紹介。

こんなときに！心理術…紹介した心理学理論を日常に応用する方法。

関連トリビア…テーマに関連するちょっとした豆知識を紹介。

⑥ WORD

重要なキーワードや心理学用語をまとめています。

PART

1

行動パターンに隠れたココロ

やけに近づいて話してくる人、なんだかいつも素直じゃない人。
誰にでも無意識に繰り返してしまう行動パターンがあるものです。
そこに隠れた本音を知れば、相手をもっと理解できるかも。

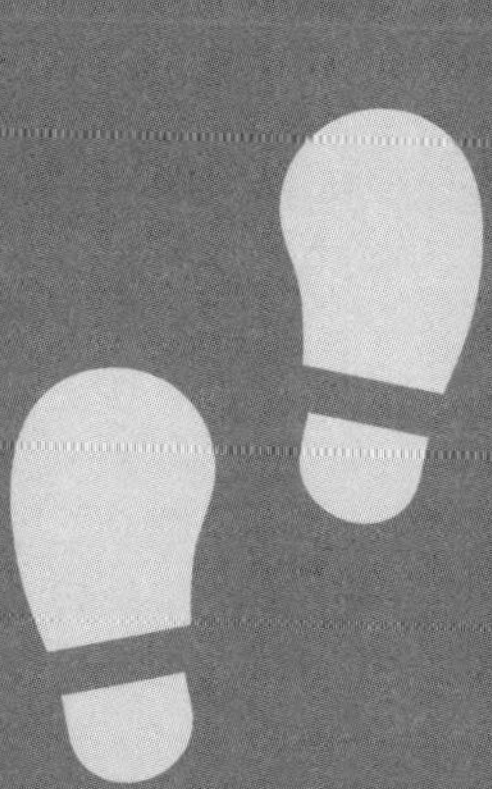

行動パターン

01 いつも自信がなさそう

自分自身に価値があると思えない人

行動も考え方も消極的。他人とも比較しがち

自分自身に対してもつ自信やプライドを、心理学では「**自尊感情**※」と言います。簡単に言うと、「自分には価値がある」「自分のことが好きだ」などと思う気持ちです。

他人の顔色をうかがう、オドオドしている、発言の場でボソボソと話すなど、いつも自信がなさそうに見える人は、自尊感情が低いと言えます。「どうせうまくいかない」と、**行動も考え方も消極的になりがち**で、**まわりと比較して自分の優劣を決めたがる**傾向もあります。人の幸せをねたんだり、劣等感にさいなまれたりしやすく、他人の弱点を見つけては優越感に浸ることもあるでしょう。

自尊感情は、幼少期の親の愛情を

↘「人は人、自分は自分」と考える傾向があり、他人との比較によらず、自分の価値を見出すことができるとされている。

真の「自尊感情」とは

人の幸福感や行動力を支えてくれる「自尊感情」は２種類に分けられます。ゆるぎない自信やプライドは、無条件の自尊感情をもつことで育まれます。

条件つきの自尊感情は崩れやすい

「〇〇だから自分には価値がある」などと自尊感情に条件をつけていては、挫折したり、大きなストレスにさらされたりしたとたん、自信をなくしやすい。

私はよい人生を歩んでいる！ だってA社に入れたから
挫折
もう自分はダメだ！

何か障害が起きると自尊感情が崩れやすい。失敗して傷つくことをおそれ、守りに入ってしまうことも。

無条件の自尊感情はゆるがない

「何があっても自分には価値がある」などと、自分には無条件に価値があると考えられる人は、挫折やストレスに強く、前向きに進み続けることができる。

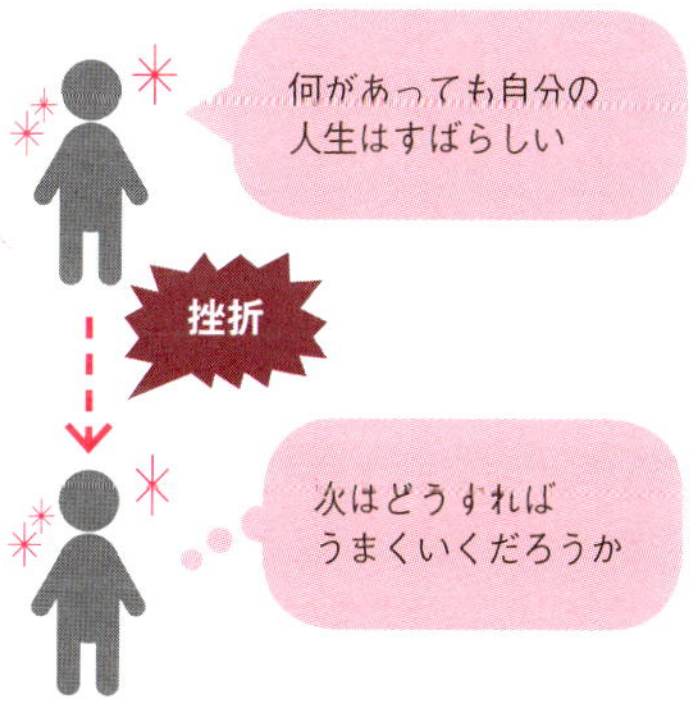
何があっても自分の人生はすばらしい
挫折
次はどうすればうまくいくだろうか

挫折しても、それを糧にして前に進むことができる。自分の思うように行動することで、むしろ自尊感情は強くなる。

ベースに育まれます。愛情をもって叱られたりほめられたりすることで、少しずつ育っていきます。そして何より重要なのが、**失敗をおそれずやりたいことをやってみること**。やりたいことを我慢するのは、自分の気持ちを否定していることと同じ。**自分自身を受け入れなくては、自尊感情を高めることはできない**のです。

自尊感情は、心身の健康を保つためにも必要です。うつ病（▼P178）になる人ほど、自尊感情が低い傾向があると言われています。

もっと！ 他人の心理学

願望の大きさも自尊感情に影響

アメリカの心理学者ジェームズは、「自尊感情＝成功÷願望」であるとしました。つまり、願望が大きいほど、それが叶えられなかったときに、自尊感情が低くなりやすくなります。

WORD 自尊感情…自分自身を価値ある存在として尊重し、認める感情のこと。自尊感情が高い人は、多少の失敗があっても気にせず、前向きに進み続けることができ、ストレスに強いと言われている。また、↗

行動パターン

02

まわりの人と比べたがる

まわりと比較して、自分の立ち位置を確認する

実はみんなに報告があって…
このたび結婚することになりました♥
えーほんと!? おめでと~
よかったね!! すごくいい人そうだし幸せになりそー
しかしマナミも結婚かあ… 焦るなあ…
ちょっとー
そんなこと言って!! 私なんて彼氏すらいないんだからね!!
だよね… 私のほうがマシだわ
彼氏いるし…
大丈夫だよー

どう比較するかによって心の状態が表れる

人は、**無意識に立場の近い人と自分を比較します**。自分自身をより客観的に評価したり、まわりと比べて自分が変ではないことを確認して、安心したりするためです。これを「※社会的比較理論」と言います。

比較には、**自分より上の相手と比較する「※上方比較」**と、**下の相手と比較する「※下方比較」**があります。「あの人はすごいな。あんなふうになりたい」などと思うのは上方比較。「あの人よりマシ」などと思うのは下方比較です。**向上心をもって自分を高めようと努力している人は上方比較をすることが多く、自信や向上心が低下している人は下方比較をすることが多い**とされています。

WORD 社会的比較理論…自分と近い立場の人と自分を比べることで、自分の能力を正確に評価したり、意見や態度が妥当であるかを確認したりすること。

誰と比べる？

**私たちは、無意識にまわりと比較しながら生活しています。
比較対象となる人がいることで、自分の立ち位置もわかります。**

社会的比較理論

私たちは、自分とよく似た立場の人と比べることで、「自分はまわりと大きく違っていないか」などを確認している。

私のメイク、
濃すぎないかな

20代会社員

比較対象は同年代の近しい友だちや同僚など。

こんな人とは比較しない

自分とは異なる立場、かけ離れた人と比べることはあまりない。

50代女性　モデル　趣味が違う人

上方比較と下方比較

自信や向上心があるときは「上方比較」を、自信や向上心が低下しているときは「下方比較」をしやすい。人は無意識に「順位」を気にしてしまう生き物なのかもしれない。

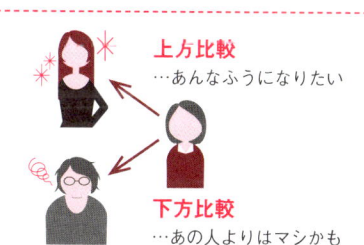

上方比較
…あんなふうになりたい

下方比較
…あの人よりはマシかも

前向きに生きるには、常に上方比較をするほうがよいように思えますが、そうとも限りません。あまりに上の立場の人と比較すると、自分との差を感じてつらくなってしまうことも。また、**気持ちやプライドが傷ついているときは、自分より下の人を意識することで、気分が回復しやすい**こともわかっています。

　もし、落ち込んでいる人を励ましたいなら、相手と同じかそれ以上不幸なエピソードを披露するのも手です。相手は自然と下方比較して、少しは気がまぎれるかもしれません。

関連トリビア

中流意識はみな同じ？

「あなたの生活レベルは？」というアンケートでは、多くの人が「中流だ」と答えるそう。同僚や友だちなど、たいてい自分と似たような人と比べるため、「自分は普通だ」という意識をもちやすいのです。

WORD 上方比較／下方比較…自分よりも望ましい状態にある人と自分を比較することを「上方比較」、能力や境遇などが“自分より下”と感じられる人と比較することを「下方比較」と言う。

行動パターン

03 誰かといっしょにいたがる

ひとりで行動するのが苦手なタイプとは

女子会にて
ねぇ♪
私、ヨガを習おうと思ってるんだけどみんなも習わない？
私は遠慮しとくよごめんね
私も。お金余裕ないし
えー…
じゃあヨガはあきらめるか…
ところで来週映画とか行かない？
いいねー行くー
ひとりでも習えばいいのに…

人当たりがよい反面八方美人になるおそれも

人は、「誰かといっしょにいたい」という「**親和欲求**※」を、本能としてもっています。家族や友だち、恋人を求める気持ちは誰にでもあるものです。生きていくためには、人とのつながりが必要不可欠です。

親和欲求の程度には個人差があります。たとえば、学校などで**常に仲よしグループで行動したがる人、メールや電話が好きな人などは、親和欲求が強い**と言えます。男性よりも女性に多く見られる傾向です。

こうした人は、「周囲の人に受け入れられたい」という願望が強いので、**人当たりがよく、場の雰囲気を和ませてくれるタイプ**でもあります。

一方で、人に合わせすぎて八方美人※

WORD 親和欲求…まわりの人と友好的な関係をもち、それを維持したいという欲求。「安心できる集団に受け入れてもらいたい」「仲間といっしょにいたい」「愛する人が欲しい」といった気持ち。

親和欲求が強い人

「安心できる人のそばにいたい」という親和欲求は、誰もがもっています。
ここでは、その気持ちが特に強い人の特徴を挙げてみましょう。

仲間と群れるのが好き

単独行動よりも、安心できる仲間と行動するのが好き。和を大事にするので協調性がある。

みんなで
いるほうが
楽しいよね

メールやSNS、電話が好き

つながりを維持したいという気持ちが強いため、友だちと積極的に連絡をとろうとする。

久しぶり！
元気してる？

まわりの承認を得たがる

自分の意見や行動について周囲の賛同を求めたり、意見の異なる相手を受け入れられなかったりする。

あなたも
そう思わない？
だよねー
うんうん

親和欲求が強い傾向があるのは…

- 男性よりも女性
- 長子（第一子）
- ひとりっ子
- 社交的な人
- 不安感や恐怖が高まっている人

になってしまうこともあるでしょう。

心理学者シャクターが行った実験では、**親和欲求は不安や恐怖を感じたときに高まる**ことがわかっています。「これから電気ショックを与える実験をします」と告げられた被験者たちは、待機時間にひとりでいるよりも、ほかの人といっしょにいることを希望したのです。

災害や事故、病気など、強い不安を感じる経験をしたあとに結婚を決意するカップルが多いのは、こうした心理の影響も考えられます。

こんなときに！心理術

不安なときこそ、そばにいて

落ち込んでいるときや緊張しているときは、親和欲求が高まり、誰かにそばにいてほしくなるもの。意中の人との距離を縮めるには、そんなときにやさしく接することが近道です。

WORD 八方美人…誰に対してもいい顔をする人のこと。相手に合わせてばかりでは、結局何を考えているかわからないため、度が過ぎると「信用できない人」などと思われることも。

行動パターン

04 自意識過剰に反応する

何でも自分のことだと思ってしまう

自分に注目しすぎる人はストレスを感じやすい

　人からどう見られているか、どう思われているかは、誰でも多少は気にすることです。しかし、なかには気にしすぎる人もいます。いわゆる自意識過剰な人です。

「自意識※（自己意識）」とは、**自分自身に意識を向けること**を言います。自意識が強い人は、うわさ話や批判などを「自分のことでは？」などと思い込みやすいところがあります。実際よりもまわりから注目されているように感じているため、周囲の目を気にします。

　自意識は、ある程度は必要なものです。私たちは鏡を見て自分の姿を確認し、失敗したときなどは自分の行動を振り返り、反省します。

↘すい。自意識は青年期に強くなり、年齢とともに落ち着いていく。男性と女性では、女性のほうが自意識が強い傾向がある。

「気にしすぎ」な人たち

何か出来事があったときに、自分に関連づけて考えてしまう人がいます。
「気にしすぎ」な人の思考パターンをのぞいてみましょう。

会議で発言中にあくびをしている人がいたとき

僕の話がつまらなかったのだろうか…

気にしない人は…

- 疲れているのかな。
- 会議は退屈だよね。

約束をドタキャンされたとき

もしかして、本当は会いたくなかったのかな…

気にしない人は…

- 体調でも悪いのかな。
- また今度誘おう。

すれ違った見知らぬふたりが笑っていたとき

変な格好してるって思われたのかな…

気にしない人は…

- 何か楽しいことでもあったのかな。

意識は自分以外にあることが多い

私たちの意識は、仕事中はその仕事内容に、友だちと話しているときはその内容や友だちの反応に、テレビを見ているときはテレビの中の人に向かっている。自分に意識が向かっている時間は、それほど多くはないのである。

しかし**度が過ぎると、まわりから見た自分を意識するあまり、「変に思われていないかな」などと不安になり、自然な自分が出せなくなってしまうことも。**自分自身に注目しすぎることは、ストレスをためることにつながりやすいのです。

自意識の強さは、年齢によっても大きく変わります。**「人に見られている」という意識は青年期に多く、年齢を重ねるにつれて落ち着いてい**くことがわかっています。

もっと！ 他人の心理学

誰でもちょっぴり自意識過剰！

まわりから注目されていると思い込む気持ちは誰にでもあります。たとえば道で転んだとき、みんなに注目されたような気がして、恥ずかしくなったことはありませんか？ 実際は、自分が思うほどまわりの人は気にしていないものです。

WORD 自意識（自己意識）…意識が自分自身に向いていること。心理学では「自己意識」とよぶ。自意識が強い人は、まわりの目を気にしたり、自分自身の至らぬ部分に目を向けたりしやすく、ストレスを感じや↗

05 素直になれない人

「あまのじゃく」「ひねくれ者」などとよばれる

お!!
今日スカートはいて かわいいじゃん
いきなり何!? うるさいな!
フンッ
なんだよー ほめてんのに
あっ かわいい♡
もっとスカート はきなよ~
何を着ようと 私の勝手じゃん!
なんかもう スカートやめよ
あいつ素直じゃ ねーよな
照れてんのよ

反発心の強さからか強い感情を隠すためか

みんなが「右」と言ったら左を選ぶ、「早くこれをしなさい」と言われるとやりたくなくなる。このようなあまのじゃくな心理を、「※**心理的リアクタンス**」と言います。

リアクタンスは、「抵抗」という意味。**人には自分の態度や行動を自分で決めたいという欲求があり、それを他人に強制される状況になると、無意識に抵抗してしまう**のです。誰にでもある心理ですが、なかにはこの思考が強い人もいます。

特に、相手に対して警戒心がある場合は、反発心も強くなりがち。このような人に対して、**強く意見を主張するのは逆効果**と言えます。

あまのじゃくな人はときにやっか

WORD 心理的リアクタンス…態度や行動の自由が脅かされたとき、その自由を取り戻そうとする心の働き。人は、他人から何かを強制されると、それに反発したくなるのである。

素直になれないココロ

**誰にでも、小さな反発心やひねくれ心はあるものです。
素直になれない心理について、典型的な例とともに見てみましょう。**

心理的リアクタンス

…自分の行動や選択の自由を守ろうとする。

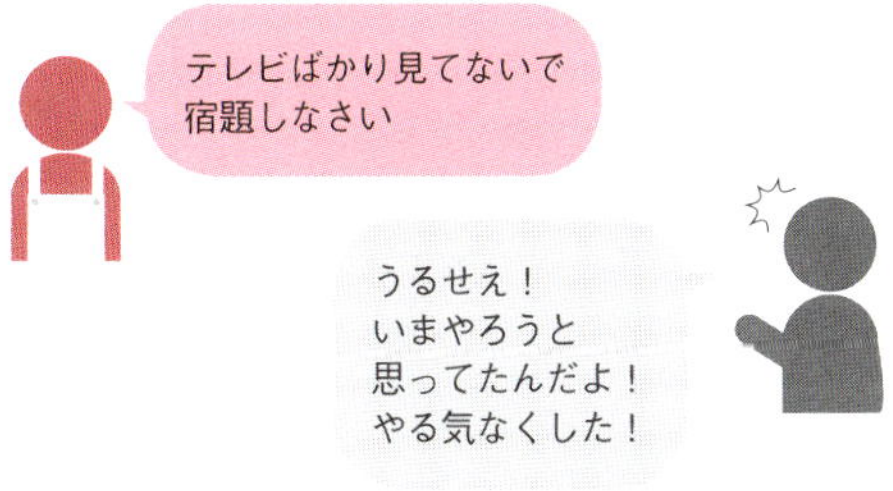
テレビばかり見てないで
宿題しなさい
うるせえ！
いまやろうと
思ってたんだよ！
やる気なくした！

典型例

- 「勉強しろ」と言われると、やりたくなくなる。
- 「サッカーが流行！」などとあおられると、興味を失う。
- 恋人との交際を反対されればされるほど、気持ちが強くなる。

反動形成

…本来の欲求をおさえつけ、正反対の行動をしてしまう。

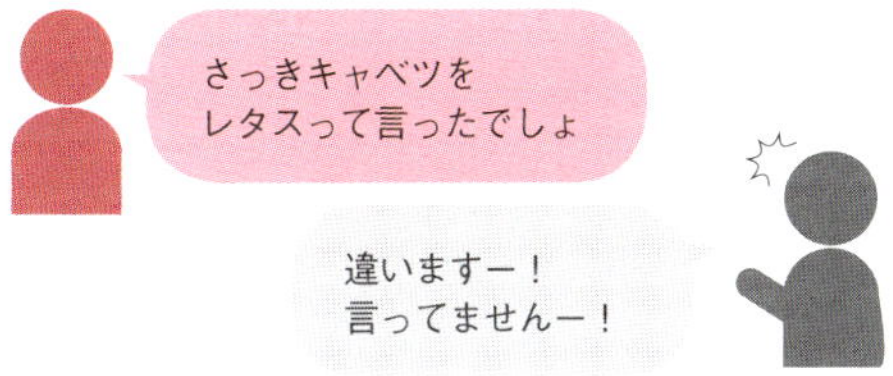
さっきキャベツを
レタスって言ったでしょ
違いますー！
言ってませんー！

典型例

- 怒っているのに、あえて丁寧語や敬語を使ってしまう。
- ショックを受けているのに、明るくふるまってしまう。
- ほめられたのに、なぜか暴言で返してしまう。

いですが、「みんながやっていることに反発してわが道を行く」のは、大きな成功をつかむために必要なことでもあります。過去の偉人たちの多くは、それまでの流れに逆らう気持ちを強くもっていたことでしょう。

　ほかにも、素直になれない人の心理としては、「反動形成」※も挙げられます。これは、**ある方向への気持ちが強すぎるときに、反対の行動をとってしまうこと**。好きな人に冷たくしてしまうのはこの典型例です。

もっと！ 他人の心理学

別れの季節には告白したくなる

「もうすぐ会えなくなる」という状況では、心理的リアクタンスによって相手に対する気持ちが盛りあがりやすいもの。中高生の場合、クラス替えや卒業のシーズンに告白が増えるというデータもあります。

※WORD 反動形成…自分の抱えている欲求をおさえつけ、無意識に反対の態度をとってしまうこと。強い感情を抱えているがゆえに起こるとされている。

行動パターン

06

人との距離が近い

やけに近づいてくる人は、心がオープンな証拠!?

心地よい距離感には個人差がある

人はそれぞれ、「**パーソナルスペース**※」をもっています。これは、簡単に言うと「縄張り意識」のようなもの。**コミュニケーションをとる相手との物理的な距離**を意味します。

パーソナルスペースを広くとりたがるのは外向的な人よりも内向的な人で、性別でいえば**女性よりも男性**です。また、**相手に対する好意や親密度**によっても変わってきます。恋人や家族ならふれあうほど近くても大丈夫なのに、見知らぬ人が至近距離にいると警戒するものです。

つまり、パーソナルスペースには個人差があるので、自分にとっては近すぎる距離でも、相手にとっては違和感がない場合もあるということ。

↘の距離、②個体距離：友人・知人などとの距離、③社会距離：ビジネスや社会的なやりとりに適する距離、④公衆距離：１対多数のコミュニケーションに適する距離の４つに大きく分けられる。

パーソナルスペース

パーソナルスペースは、相手との関係によって次の４つに分けられます。
「近づかれても気にならない距離」は、相手によって異なります。

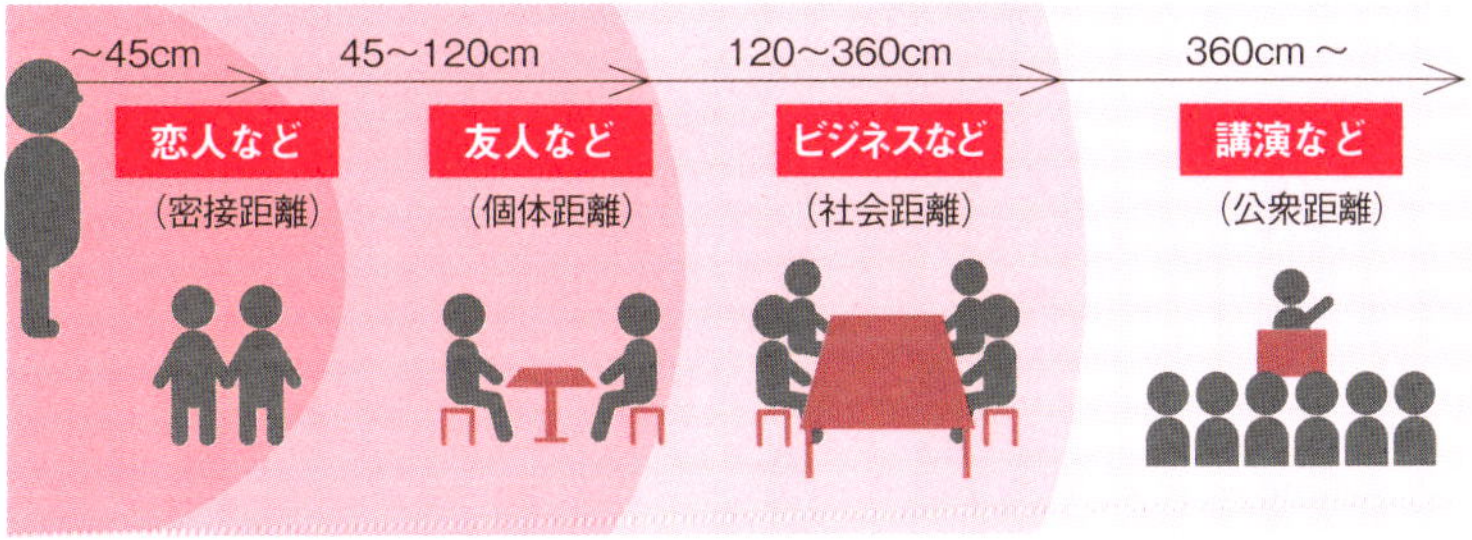
~45cm
45~120cm
120~360cm
360cm ~
恋人など
（密接距離）
友人など
（個体距離）
ビジネスなど
（社会距離）
講演など
（公衆距離）

日常に見られる縄張り意識

デスクに私物を置きたがる

オフィスの自席まわりに私物を並べたがるのは、縄張りを主張したい心理から。

電車で端の席に座りたがる

電車で端の座席に座る人が多いのは、パーソナルスペースが比較的守られるため。電車や飲食店などで“好きな席”にこだわる人は、状況変化に弱いタイプかも!?

相手側に荷物を持つ

横並びのときに相手側に荷物を持つ（または置く）のは、相手との間に「壁」をつくる行為。逆に、相手との間にある障害物をよけようとするのは、距離を縮めたいという意識の表れ。

そのときの気分や状況によっても、感じ方は変わるでしょう。

一方、相手のパーソナルスペースにうまく侵入すれば、心理的な距離が近づくこともわかっています。**パーソナルスペースは前に広く、左右と後ろに狭くなっている**ので、親しくなりたい人には横から話しかけてみる、食事の席では隣席に座る、ひとつの資料をいっしょに見るなど、相手のパーソナルスペースに入る機会をつくると効果がありそうです。

もっと！ 他人の心理学

混雑した電車内で読書がはかどる理由

満員電車はパーソナルスペースが害されるストレス空間。そんななかでも、読書に集中できる人は多くいるようです。これは、自分の世界に没頭することで、不快感をまぎらわすことができるためだと考えられています。

WORD パーソナルスペース…コミュニケーションをとる相手とどの程度近づけるかといった、いわゆる心理的な縄張りのこと。他人に立ち入られると不快に感じる距離。①密接距離：恋人や家族・親友などと↗

行動パターン

07 店員さんにキレやすい

逆らえない人に対しては、やけに強く出る

生ビールでございます!
ちょっと! ビールがぬるいよ!! もっとキンッキンに冷やしてよ!
すみません お取り替えいたします
謝るときは「申し訳ありません」だろ!? 店長よべよ! どういう教育してんだ
気まずい…

偉そうにするのは劣等感の裏返し

レストランなどで、店員さんに横柄な態度をとる人がいます。ささいなことでクレームをつけるなど、**自分のほうが強い立場にあると感じる場面で、やけに強く出る**人です。

このような態度の裏側には、実は**強い劣等感**※が隠れているものです。高圧的な態度をとるのは、**「自分のほうが上」であることを確認したり、いっしょにいる人に自分の力をアピールしたりする**ため。日頃ため込んでいるストレスを発散させたい気持ちもあるでしょう。

人は「自分は正しい、相手は悪い」という単純な思考で怒ります。**ささいなことでいちいち腹を立てる人は、周囲に対する期待が大きく、物事を**

WORD 劣等感…自分が人より劣っているように感じる、主観的な感情。劣等感は必ずしも悪いものではなく、前向きに頑張るためのエネルギー源にもなる。

ささいな行動をチェック！

**誰でも、自分と関わりがある人に対しては「いい顔」を見せます。
その人の本質を見抜くには、ささいな行動に注目してみるとよいでしょう。**

店員さんへの対応

飲食店やショップなどで店員さんに横柄な態度をとる人は、やつあたりしやすいか、劣等感が強いタイプかも!?

注文をとりに来るのが遅いよ！

旅先での行動

恋人と旅行に出た際、ベッドが乱れたまま帰る人や、あなたがベッドメイキングをしているのに手伝わない人は、結婚後に家事を手伝わないタイプかも。

そんなもんほっとけよ

人ごみの中でのふるまい

混雑した街の中で、我先にと周囲の人をおしのけたり、平気で人にぶつかったりする人は、いざというときに自己中になるおそれも…。

ドンッ
チッ

格下の人間への接し方

たとえば職場の同僚が、上司には媚《こ》びへつらうのに、部下には横柄な態度をとっているなら要注意。相手が出世したら、自分に対して威張ってくる可能性大。

ミスしてんじゃねーよ

自分の思いどおりにしたいという気持ちが強いと考えられます。「注文した料理はすぐに運ばれて当然」「自分に敬意を払ってほしい」などの期待があるからこそ、それが満たされないときに怒りに変わるのです。

キレやすい人は、「キレることが相手に効いている」と感じると、さらに調子にのりかねません。**相手の怒りを真正面から受け止めるよりも、できるだけ冷静にかまえ、会話を続ける**ほうがよいでしょう。

もっと！ 他人の心理学

アカの他人には本性が出る

心理学者デビッド・ギブンズは、「関係のない人にどうふるまうかでその人の本質がわかる」と述べています。たとえば、結婚後にパートナーがどう変化するかは、アカの他人にどう接しているかによって見えてくるかも。

08 ひとりで行動したがる

自分だけの「領地」をもちたがる男性

邪魔されない空間に「安らぎ」を感じる

ひとりで行動することを好むタイプは、男性に多く見られます。

そもそも男性は、互いに「共感」しあうよりも「競争」に勝ちたいという意識が強い生き物です。**女性は「人との関係性」の中に安らぎを見出そうとするのに対し、男性は誰にも干渉されない時間や場所を必要とします。**これは、言わば自分の「領地」のようなもの。「これだけは自分の思いどおりになる」という場所をもつことが、男性にとっての安らぎなのです。そのため、グループで行動するのはほどほどに、単独行動をしたがることが多くあります。

恋人同士や夫婦の場合、相手がひとりになりたがっているとさびしく

男女で違う行動特性

ひとりで行動したがるのは、女性よりも男性に多く見られる傾向です。
ここでは、男性と女性の行動特性の違いをいくつか紹介しましょう。

[男性]

「競争に勝ちたい」と思う

親和欲求（▶P20）は女性よりも弱い。その代わり、周囲と競いあう気持ちが強く、ひとりの時間に安らぎを感じやすい。

ひとつのことに没頭する

左右の脳をつなぐ脳梁《のうりょう》が細い男性は、複数のことを同時進行するよりもひとつのことに没頭することが得意。

空間認知能力が高い

脳の「運動野《うんどうや》」が発達している男性は、空間認知能力が高い。地図を読むことやスポーツを得意とする。

[女性]

「周囲と同じでいたい」と思う

信頼できる仲間が欲しい、誰かのそばにいたいという親和欲求が強いため、仲間と行動を共にするのが好き。

複数のことを同時にこなす

左右の脳をつなぐ脳梁が太い女性は、一度に複数のことを処理するのが得意。これは子育てに必要な能力でもある。

言語能力が高い

女性は脳の「言語野《げんごや》」が男性よりも発達しており、幼児期に言葉を喋りはじめる時期も早く、言語能力が高い傾向がある。

感じるものですが、その気持ちを理解して、尊重することも大切です。

また、ひとりになりたがっているかどうかは別として、**近寄りがたい雰囲気をもっているため、結果的に「孤独」※になってしまう人**もいます。心理学者ジョーンズらによると、こういったタイプは**自分に自信がなく、自意識（▼P22）が強い人に多く見られる**そうです。「自分は人から好かれない」という思い込みから、**周囲に対して無意識に否定的になり、それが態度に出てしまう**ことが大きな原因のひとつです。

関連トリビア

女性も増えつつある

ひとりで行動するのは比較的男性に多いですが、近年女性も増えています。ひとりランチ、ひとり映画、ひとりカラオケ、ひとりラーメン、ひとり鍋、ひとり焼肉、ひとり旅…。あなたはどこまでOKですか？

WORD 孤独…仲間がおらず、ひとりぼっちであること。自尊感情（▶P16）が低く、自意識（▶P22）が強い人は、「どうせ好かれない」と、無意識に相手に対して否定的になり、これが孤独につながることもある。

09 「やめられない」ことがある

満たされない気持ちを埋めようとしている

本人や周囲が困ったら注意が必要

「もうギャンブルはしない」などと決意しても、気持ちをおさえきれずに再び手を出してしまう…。そんなことを繰り返す人がいます。

ギャンブルが人を虜《とりこ》にするのは、たまに思いがけない「報酬」があるから。これを「※**部分強化**」と言います。人は、**行動に対する報酬が「常にある」よりも、「ときどきある」ほうが、強い快感をおぼえます**。そのときの高揚感が忘れられず、次第にのめり込んでしまうのです。

「どうしてもやめられない」場合は、「※**依存症**」の可能性が考えられます。それほど夢中になるのは、**ストレスから逃れたり、心の空白を埋めたりするため**。依存症の人は、常に満た

WORD 部分強化…ある行動に対してランダムに報酬を与えること。逆に、必ず報酬を与えること（労働など）を「全強化」と言う。人の心は、全強化よりも部分強化に強く惹かれやすい。

さまざまな依存

依存は「物質依存」「プロセス依存」「人間関係依存」に分けられます。
依存する対象は人それぞれ。快楽につながるものはさまざまあるのです。

物質依存

アルコール
適度な飲酒は体によいと言われるが、度を越すと次第に依存してしまうおそれも。

ニコチン
ニコチンが脳細胞に吸収されると、強い快感が得られる。禁煙したくてもできない人はたくさんいる。

● いずれも、体内から抜けると禁断症状が現れる。

プロセス依存

ギャンブル
たまにラッキーなことが起きるからこそ、やみつきに。

買い物
便利なクレジットカードもあるため、物欲にまかせて経済力以上の買い物をしやすい。

インターネット
現代人の多くは、プチ依存状態のはず。

人間関係依存

恋人・パートナー
典型的なのが、暴力夫から離れられない妻。妻は夫に暴力をふるわれても、「私がいなくては」と、そばにいようとすることが多い。互いに依存しあう「共依存」の状態となり、夫婦ともに治療が必要に。

親子
子どもを支配したがる親は、子どもに依存している。

依存症のおそろしさ

依存症になると、依存しているものをやめたくてもやめられないだけでなく、生活全般の喜びも感じにくくなったり、うつ病（▶P178）を併発したりといった危険もある。

されない気持ちを抱えているのです。

依存する対象は、ギャンブルのほか、アルコール、ニコチン、買い物、インターネットなど、さまざまあります。特徴的なのは、**「自分は依存している」と認めない**ことで、これを「否認」と言います。「いつでもやめられる」などと否認するので、重症化しやすい傾向があります。

借金をしてまでのめり込むなど、本人や周囲が深刻に困るほどの強い依存は、専門家に相談しないと改善することは困難です。

関連トリビア

「自分は大丈夫」は危険!?

ギャンブル（パチンコ）依存症の人は、日本に約200万人いるとも言われています。軽い気持ちではじめたはずが、快楽刺激におぼれてエスカレートしてしまうのはよくあることです。依存症の恐怖は決して人ごとではありません。

WORD 依存症…快感を与えてくれる刺激に心が支配され、それがないと身体的・精神的な平常を保てなくなる病気。やめようとすると不安感や不快感が募るなど、自分の意志で欲求をコントロールできなくなる。

⑩ 感情の起伏が激しい

「見捨てられること」への不安に苦悩している

物事を両極端にとらえ周囲を振り回してしまう

物事のとらえ方や考え方、行動パターンに偏りがあり、**周囲との関わりがうまくいかなくなる状態**を「**パーソナリティ障害**※」と言います。

パーソナリティ障害の症状は多岐にわたりますが、代表的なのは、**気分の移り変わりが激しく、衝動的な行動が見られる「境界性パーソナリティ障害」**です。20代に多く、患者の8割が女性と言われています。

その特徴には、まず「**白か黒か」「好きか嫌いか」といった両極端な思考**があります。たとえば、100%の幸せのあとに30%の不幸が起きただけで、「100%不幸」「もうおしまい」などと思ってしまいます。

また、信頼している相手がたまた

WORD パーソナリティ障害…他人や出来事に対する認識、反応、関わり方のパターンに柔軟性がなく、社会生活がうまくいかない状態。境界性や自己愛性（▶P37）など、いくつかのタイプに分けられる。

境界性パーソナリティ障害とは

若い女性に増えているのが「境界性パーソナリティ障害」です。
その特徴としては、次のようなものが挙げられます。

サイテー！
いままでの
時間を
返してよ！

思考が両極端

「ほどほどの状態」がなく、プラスの気分とマイナスの気分を行ったり来たりする。

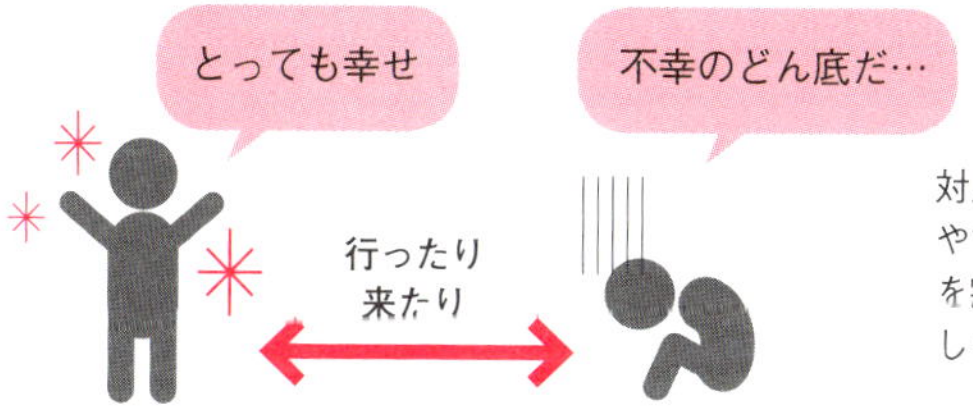
とっても幸せ
不幸のどん底だ…
行ったり
来たり

急に何!?

対人関係も不安定になりやすい。理想化した相手を突然全否定して、かんしゃくを起こすことも。

「見捨てられる」ことをおそれる

ほんのささいなことで、「嫌われたのかも」「見捨てる気かも」と極度の不安を感じてしまう。

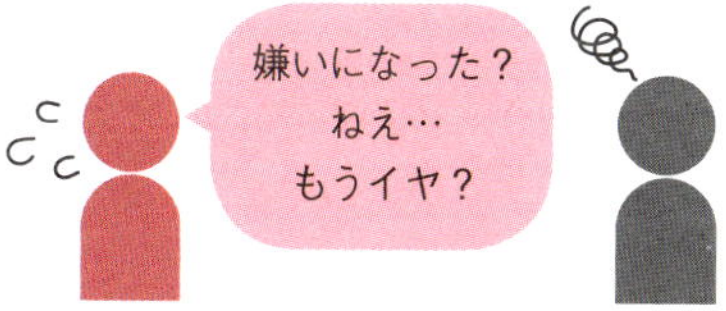
嫌いになった？
ねえ…
もうイヤ？

衝動的な行動に出る

過食や自傷行為を繰り返したり、アルコールにおぼれたりなど、衝動的に自分を傷つけるようなことをしてしまう。

まそっけない態度をとったりすれば、**「見捨てられるのでは」と極度の不安を抱えます。**「見捨てられない」ために暴言や暴力に及んだり、衝動的な過食や自傷行為で相手の気を引こうとしたりすることもあります。

ただし、境界性パーソナリティ障害は、**年齢とともに落ち着いてくる**ことも少なくありません。本人も周囲も「一生ものの問題」だと抱え込みすぎず、深刻な場合は医療機関に相談してみるとよいでしょう。

もっと！ 他人の心理学

病気かどうかの判断基準は？

メンタルの症状の多くに言えることですが、病気かどうか、受診すべきかどうかの一番の判断基準は、「自分や周囲が困っているか」「社会生活に支障が出ているか」です。誰も困っていないなら受診の必要はありません。

WORD 境界性パーソナリティ障害…パーソナリティ障害のひとつ。気分の波が激しく感情が不安定で、「よい・悪い」などを両極端に判定したり、強いイライラ感がおさえきれなくなったりする。

行動パターン

⑪ 特別扱いされたがる

自慢話が多く、ちやほやされることが好き

根拠のない特権意識はナルシストの証!?

自分を大切に思う気持ちや、まわりに認められたいという気持ちは、誰もがもっています。しかし、なかには自己愛が強すぎて、「自分は特別だ」と信じて疑わない人もいます。周囲からは「**ナルシスト**※」「うぬぼれ屋さん」などと言われる人です。

特徴的なのは、根拠もないのに「自分は優れている」と思い込んでいること。**周囲からもちやほやされることを期待している**ので、自慢話をしたがり、ほかの人がほめられると**強い嫉妬心を抱いたり**します。

うぬぼれた発言ばかりでは、話を聞くほうは疲れてしまいます。しかし、無難におさめたいなら批判はNG。**「すごいね」などと共感する**ほ

WORD ナルシスト…うぬぼれや自己愛（ナルシシズム）が強い人。ルックスや仕事、対人関係などについて、根拠のない自信をもっている。

ナルシストの心理

「自分が大好き」なナルシストには、次のような特徴があります。
あまりに自分に夢中になりすぎると、まわりが見えなくなることも…。

万能感をもっている

自分の能力や美などについて、
根拠のない自信をもっている。

自分を理解できるのは一流の人間だけだ。
自分が本気を出せば大きな成功をつかめる。

称賛されたがる

特別扱いされて当然と考えており、
自分の能力を強調するために自慢話をしがち。

さすがですね！
当然だろ

こんな困った一面も…

嫉妬しやすい

自分以外が評価されると怒る。「自分を評価しない人間が悪い」などと思い込むことも。

思いやりに欠ける

自分にしか興味がなく、まわりの気持ちを考えなかったり、たやすく利用したりする。

度が過ぎる場合は、「自己愛性パーソナリティ障害」の可能性も。

うが、相手も冷静になれます。

ナルシストは、実は大きな劣等感を抱えていると言われます。**ありのままの自分に自信がもてないぶん、高い理想像を掲げ、実際以上に「よいところを見せたい」**のです。

もちろん、理想像に近づくために努力する人も多くいますが、なかには「口先だけ」で何もしない人もいます。「自分が認められないのは周囲のせいだ」と決めつけて引きこもるなど、社会生活に支障をきたすようなら、**「自己愛性パーソナリティ障害」**※の可能性もあります。

もっと！
他人の心理学

加齢にともなって悪化しやすい

自己愛性パーソナリティ障害は、高齢になるほど症状が悪化してくると言われています。肉体的・能力的な衰えを認めることができないためです。

WORD 自己愛性パーソナリティ障害…自分を特別視し、他人からの称賛を求めるあまり、社会生活に支障が出る障害。裏を返せば、理想が高く、ありのままの自分を愛せない状態とも言える。

⑫ 末っ子だから甘えん坊?

出生順によって変わってくる性格傾向

きょうだい構成によって親との関わり方が変わる

心理学では、**性格**※の形成に家庭環境が大きく影響していると考えられています。一般的な特性として、**長《ちょう》子《し》は独立心が強く慎重、末っ子は甘えん坊、中間《ちゅうかん》子《し》は勝気でマイペース**などと言われるのも、出生順によって**親の接し方、親やきょうだいとの関わり方**が変わってくるためです。

親にとって、**長子**ははじめての子育てです。そのため、**慣れないながらも積極的に関わり、熱心に育てます**。一方、**第二子以降**になると育児にも余裕が生まれ、**「ほどよい手抜き」をしながら上手に育てられる**ようになります。さらに**末っ子**の場合、下のきょうだいがいないぶん、**つい甘やかしがち**になります。

↘態や住居といった家庭環境や、時代、地域、気候といった環境、さらに遺伝などが複雑に絡みあっている。

きょうだいで異なる性格

出生順やきょうだい構成による性格傾向に関する研究はいくつかあります。
心理学者トーマンの場合は、次のような傾向が見られるとしています。

男性

●長男(男きょうだい)
リーダーシップ、責任感がある。地位や名誉を重視し、保守的。

●末子(男きょうだい)
責任を負う立場より、自由を好む。冒険好きで情熱的。

●長男(妹がいる)
女性との接し方が上手。同性の友だちとは疎遠になることも。

●末子(姉がいる)
気分にムラがある。のんびり屋。興味があることには没頭する。

●ひとりっ子
年上からの指示を求める傾向がある。父親と自分を重ねやすい。

女性

●長女(女きょうだい)
独立心があり、面倒見がよい。権力に関心をもっている。

●末子(女きょうだい)
自由奔放。気まぐれで衝動的。まわりから注目されたがる。

●長女(弟がいる)
しっかり者で忍耐強い。物事を楽観的にとらえる傾向がある。

●末子(兄がいる)
女性らしく、親しみやすい。同性の友だちは多くない。

●ひとりっ子
長女的性格。もしくは、周囲に対して依存的な傾向をもつ。

また、**長子**は下の子ができると、親の愛情を奪われるような体験をし、下の子の面倒を見るという役割も負います。そのため、**早くから自立心や責任感が育まれます**。それに対して、生まれたときから「上のきょうだい」というライバルがいる**第二子以降は、要領がよく、親の注目を集めようと意識して行動**します。

このようなことから、きょうだいの性格傾向が生じるようです。

もっと! 他人の心理学

ひとりっ子はわがままに育つ?

増加傾向にあるひとりっ子は、身近に競争相手がおらず、親の愛情をひとり占めできるため、「わがまま」だと言われがちです。しかし、実際は大人に囲まれて育つことで、控えめで大人びた態度をとることもあります。いずれにしても、親との関わり方や家庭環境によって変わります。

WORD 性格…その人が生まれつきもっている、または後天的に培われた感情や考え方などの傾向。その人を特徴づけている持続的で一貫した行動パターン。性格形成に関わる要因は、親の性格や教育、経済状↗

行動パターン

⑬

立場が性格を変えてしまう

親になると親らしく、上司になると上司らしく

今日からこの課を
まとめることになりました
みなさん
よろしくお願いします
あいつが
ついに課長か…
頼りないなー
よろしくお願いします
半年後
この提案書
ここのところが甘いから
もう少しリサーチして！
キリッ
はい
遅刻が多いよ
気を引きしめて！
はいっ
プレゼンまで
あと3日！
頑張ろう！
はいっ
あいつ変わったな…

与えられた役割に無意識に合わせていく

「アイツ、子どもが生まれてから、タバコもやめて親らしくなったな」「営業の仕事に就いてから、社交的で世渡り上手になってきた」などと思ったことはないでしょうか。

これは「役割効果※」とよばれる心理作用によるもの。**役割を与えられると、人はいつのまにかその役割にふさわしくなるように、気持ちや行動を変えていく**のです。

たとえば、仕事に責任感がない社員にあえてリーダーを任せると、最初は自信がなくても、次第にしっかりしたふるまいをするようになることが多いと言われます。**役割を演じることによって、自分自身の言動や仕事にも注意を払うようになり、意**

WORD 役割効果…特定の地位や役割にある人が、どのような行動をとるべきかを自ら理解し、その地位や役割にふさわしいふるまいをすること。

ココロファイル 1

権力はとても恐ろしい!?

実験 心理学者ジンバルドーらは被験者を看守役と囚人役に分け、監獄（模擬刑務所）でそれぞれの役を演じてもらい、その行動を観察した。

看守役

制服、サングラス、警棒、手錠などが与えられ、囚人を監視。囚人を囚人番号でよぶ。

囚人役

囚人服を着て監獄に収容された。何をするにも看守の許可を得なければならない。

結果 看守は看守らしく、囚人は囚人らしくふるまい、次第にエスカレート。非常に危険なので、２週間の実験は６日間で打ち切りに！

看守役 ➡ 決められていたルールを超えて、自ら囚人に威圧的な態度をとる者、屈辱的なことをさせる者、暴力をふるう者もいた。

囚人役 ➡ 精神的に追いつめられ、離脱する人や、実験の中止を求める人も現れた。

役割や地位によって、人の行動は変わってしまうことがある。特に、権力の影響は大きい。

識が変わるのです。ただし、権力を振りかざすなど、悪い変化を見せる人もいるかもしれませんが…。

逆に言うと、**なりたい自分の姿があるなら、それを演じてみるのもひとつの手**です。たとえば、賢くなりたいなら、「賢い人間」を演じるのです。ハキハキとした話し方をするなど、ささいなことでもよいでしょう。次第に周囲も「頭がよい人」という役割を求めてくるようになれば、自然と思考力が鍛えられます。意見を言う際にも「頭がよい人の意見」を求められるからです。

関連トリビア

実験は映画化された！

上記のココロファイルにある監獄実験は、のちに小説の題材となり、さらにその小説を原作に『es《エス》』というドイツ映画も製作されました。人々が変貌していく様子は、映像で見るとなおさらショッキングです。

こんな性格、あんな性格

人の性格を分類し、特性を解明しようとした心理学者は多くいます。ここでは、有名な理論をいくつか見ておきましょう。

1 「体型」によって性格が違う？

クレッチマーの体型別類型論

ドイツの精神科医クレッチマー（1888〜1964）は、診察を重ねるなかで、人の体型と特定の精神疾患には一定の関係があることを発見しました。そして、それは一般の人にも当てはまる傾向だと主張しました。現在は、体型と性格、精神疾患に明確な相関関係はないとされていますが、日常生活で人の性格を推測するとき、体型をひとつの手がかりとしている人は多いのではないでしょうか。

肥満型
躁うつ気質

外向的、社交的、おおらかで親切だが、気分にムラがあり、感情の浮き沈みが激しい。

やせ型
分裂気質

生真面目で神経質。自分の世界に没頭しやすく、鈍感な面も。社交的ではないが、穏やか。

筋肉質型
粘着気質

几帳面で正義感が強く、忍耐強い。頑固で自分の考えを曲げないなど、柔軟性に欠ける面も。

大昔には「体液」による分類も

はるか昔には、「体液」によって人の体質や気質を解明する試みがなされていました。古代ギリシャの医学者ヒポクラテスは、心身の健康には体液のバランスが深く関わっているとし、のちに医学者ガレノスがこれを「体液理論」に発展させました。

体液と気質

多血質	明るく順応性が高い。
粘液質	感情の変化が少ない。
胆汁質	積極的で意志が強い。
憂うつ質	ネガティブで消極的。

2 「大事にしているもの」は何？

シュプランガーの価値類型論

ドイツの心理学者シュプランガー（1882～1963）は、「何を最も重要視しているか」によって、人を６つのタイプに分けました。

理論型

知性的・論理的なものを強く追い求める人。ただし、この傾向が強すぎると、理屈っぽい人と言われやすい。

経済型

お金を稼ぐ、貯める、増やすことにこだわり、金銭に対して強い執着を抱く人。不景気になるとこのタイプが増える。

審美型

美しいもの、芸術的なものを重要視している人。夢を追うことにあこがれを抱くタイプなども含む。

宗教型

宗教に強い関心をもったり、神や神秘的なものを強く求めたりしている人。日本人には少ないタイプかもしれない。

権力型

他人を支配したいという欲求が強く、権力を求めるタイプ。政治家には、この傾向が少なからずあると考えられる。

社会型

周囲との調和、周囲の幸せを願う気持ちが強いタイプ。純粋な気持ちでボランティアに打ち込むようなタイプ。

3 性格は8つのタイプに分けられる！

ユングの性格類型論

スイスの心理学者ユング（1875～1961）は、性格を次のように分類しています。彼はまず、心のエネルギーが自分自身の意識や経験に向く「内向型」と、自分以外の人や物事に向く「外向型」に分け、これを最も基本的な気質として重要視しました。

さらに、物事のとらえ方にもいくつかのパターンがあると考え、そうした心理機能を「思考型」「感情型」「感覚型」「直感型」の4つに分けました。ユングはこれらを組み合わせることで、性格を8つに分類しています。

ユングは、こうした分類は性格をとらえるためのひとつの手がかりだと述べています。「どれに当てはまるか」が問題なのではありません。また、性格は環境や周囲との関わり方によって変わるものであり、固定的なものではないとしています。

心理機能／基本気質	思考型	感情型	感覚型	直感型
外向型	**外向思考型** 客観的事実を重んじるタイプ。他人には厳しい傾向がある。	**外向感情型** 周囲と積極的に関わり、対人能力が高い。物事を深く考えない。	**外向感覚型** 現実を受け入れ、順応力が高い。快楽を追求したがる。	**外向直感型** 新しいアイデアやひらめきを重視し、その可能性を追い求める。
内向型	**内向思考型** 事実より主観を重視し、独自の視点で物事をとらえる。頑固。	**内向感情型** 感受性が強く、自分の内面を充実させることを重んじる。	**内向感覚型** 物事の本質を感じとる力がある。独自の感性、表現力をもつ。	**内向直感型** 夢見がちで、ひらめきで行動する。周囲に理解されないことも。

タイプに分ける？ 要素で考える？

性格をいくつかのタイプに分けて分類する方法を「類型論」と言い、性格をいくつかの要素の組み合わせとしてとらえる方法を「特性論」と言います。タイプ別に分ける類型論では性格をおおまかに把握することができ、特性論では性格をより細かく把握することができます。

類型論

- クレッチマーによる分類（▶P42）
- シュプランガーによる分類（▶P43）
- ユングによる分類（▶P44）

特性論

- ビッグファイブ理論（▶P46）

2つの性格タイプ　基本的な気質

外向型

まわりの意見を重視する

心のエネルギーが自分以外の人や物事に向かう。

内向型

自分の感じ方を重視する

心のエネルギーが自分自身の意識や経験に向かう。

4つの心理機能　物事のとらえ方

例 初対面の人に会ったとき

思考型

物事を客観的・分析的・論理的にとらえる。

感情型

物事を好き・嫌いでとらえる。

この人の年齢は…考え方は…
はじめまして
いい雰囲気、好きなタイプ
ピクッ
ビタミンカラーが似合ってる
いろいろ苦労してきた人かも

感覚型

物事を五感で感じとる。

直感型

物事を直感的にとらえる。

4 性格を「5大要素」で表す！

ビッグファイブ理論

5つの因子の強弱によって性格をとらえようとするのが「ビッグファイブ理論」。研究者によってどのような因子を使うかに多少違いがありますが、たとえば下のような5つの因子があります。それぞれの傾向について、「高いほうがよくて低いのはよくない」というわけではなく、どちらもプラス・マイナスの両面をもっています。

外向性（外向的-内向的）

人づきあいのよさ。社交的、活動的かどうか。積極性があるか。

協調性（協調的-独立的）

周囲を理解する心をもち、共感し、配慮することができるかどうか。

知性（好奇的-現実的）

知的好奇心の強さ。新しいものを好むかどうか。想像力、遊び心があるか。

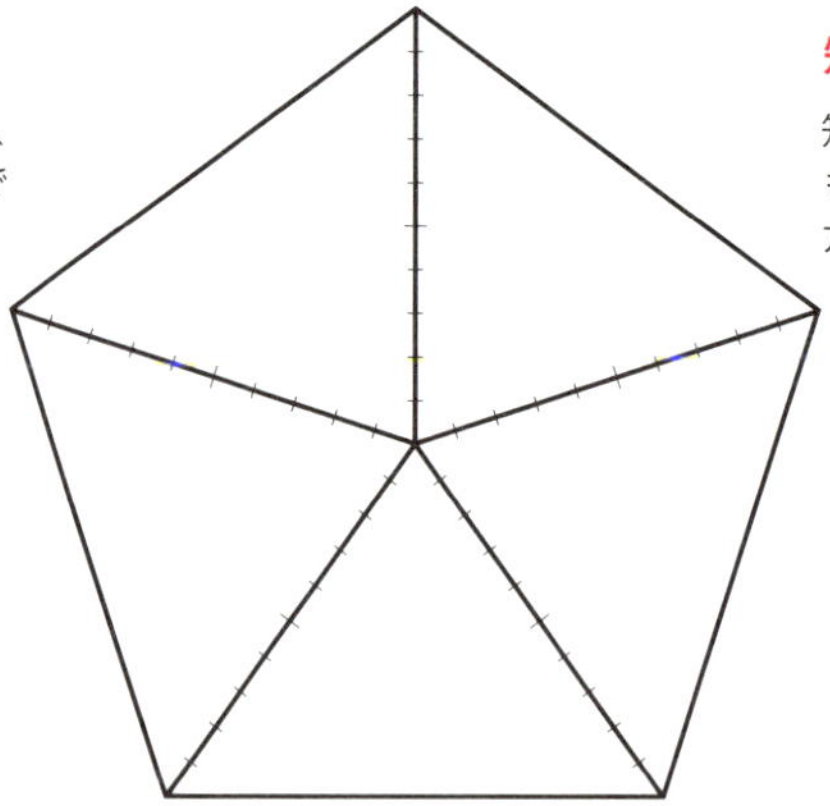

情緒安定性（敏感的-安定的）

不安や緊張の強さ。ストレスへの敏感さ。細かいことを気にする傾向。

勤勉性（集中的-自由的）

真面目さや責任感の強さ。目標を達成するために物事に誠実に取り組むかどうか。

「性格などない」とする学者も

心理学者アドラーは「性格」という言葉を使わず、それを「ライフスタイル」に置きかえました。1人ひとりの「性格」に差があるのではなく、「行動のしかた」に差があるのだと説いたのです。たとえば、「私は内気だから…」などと言って行動しないのは、「内気な性格」なのではなく、「行動したくない」という意志の表れ。こうした行動の積み重ねが、ライフスタイル（つまり「性格」）をつくるのです。

番外編

「血液型」による性格診断には根拠がない!?

日本で人気のある「血液型」による性格分類には、実は科学的な根拠がありません。それにもかかわらず、これほどまでに人々に受け入れられているのは、なぜでしょうか。

その心理学的理由のひとつに、「バーナム効果」にあります。バーナム効果とは、誰にでも当てはまるような内容を、自分だけに当てはまると思い込むこと。実際は、診断内容は多くの人に当てはまることだったりします。

また、「A型の人は几帳面です」と書かれている場合、ついつい当てはまるエピソードばかりを想像してしまうのも要因のひとつです。人は几帳面なときもあれば、雑なときもあるもの。しかし、「几帳面」と言われることで、それを裏づけるエピソードばかりに注目してしまうのです。

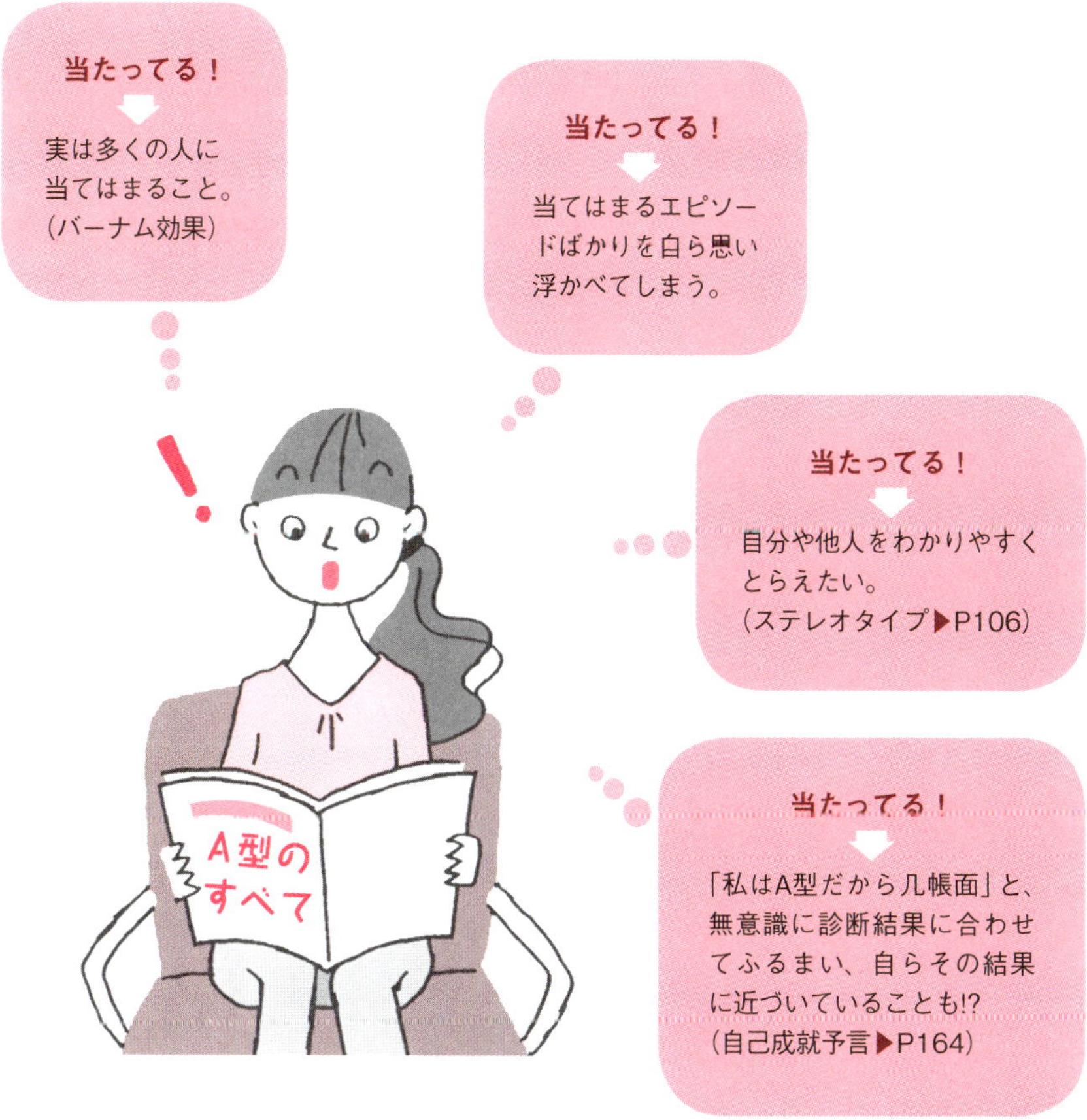
当たってる！
実は多くの人に当てはまること。（バーナム効果）
当たってる！
当てはまるエピソードばかりを自ら思い浮かべてしまう。
当たってる！
自分や他人をわかりやすくとらえたい。（ステレオタイプ▶P106）
当たってる！
「私はA型だから几帳面」と、無意識に診断結果に合わせてふるまい、自らその結果に近づいていることも!?（自己成就予言▶P164）
A型のすべて

ココロがわかる！　心理テスト ①

どこを切りとる？

Q 1枚の紙のうち、A～Dのいずれかの部分を切りとるとしたら、どこを切りとりますか？

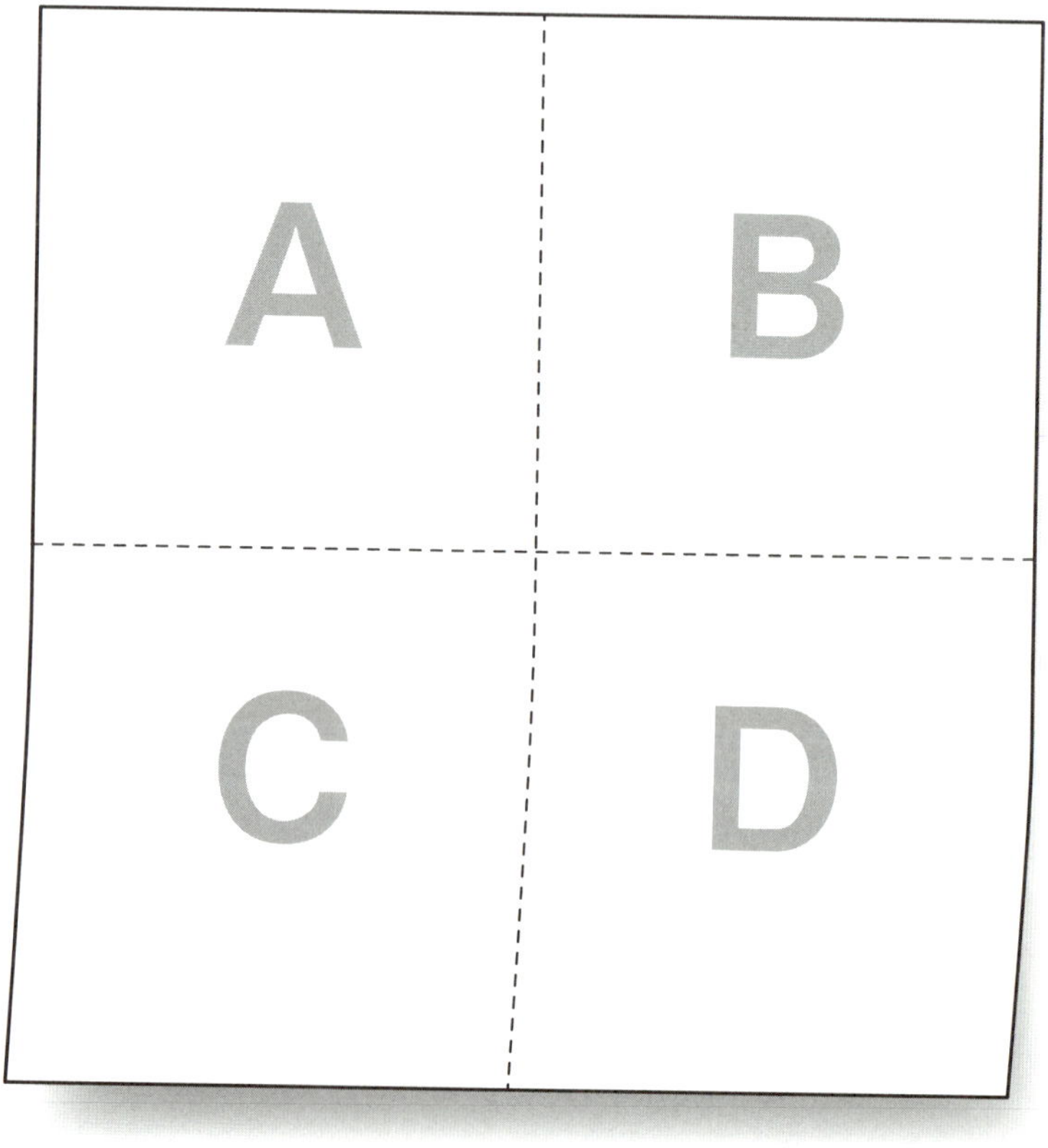

A ＝左上　**B** ＝右上　**C** ＝左下　**D** ＝右下

解説➡P184

PART 2

見た目でわかるココロ

「外見では人を判断できない」とよく言われます。
しかし、外見にはその人の人柄や心理状態がにじみ出ています。
表情、しぐさ、ファッションから、本音がチラリと見えてきます。

見た目

01 人は「見た目」で判断される

人は五感を通して相手とやりとりしている

コミュニケーションには言葉以外の要素も重要

「話せばわかる」とよく言いますが、話をするときに大事なのは言葉だけではありません。私たちは、**表情やしぐさなど、言葉以外の部分からも強い印象を受けている**ものです。これらをまとめて「※**ノンバーバル・コミュニケーション**」と言います。

同じ話をしても、きちんとした身なり、にこやかな表情、穏やかな話し方の場合と、清潔感のない服装、むすっとした表情、冷ややかな話し方では、受ける印象がまったく違ってしまいます。

また、人は**あるひとつの特徴を相手全体の印象にまで広げてとらえる**傾向もあります。「※**ハロー効果**」とよばれるもので、たとえば外見が美

WORD ノンバーバル・コミュニケーション…姿勢や表情、態度、声のトーンなど、言語以外の内容によるコミュニケーションのこと。「非言語コミュニケーション」とも言う。

コミュニケーションに関わる要素

コミュニケーションは、言葉だけで行われるものではありません。
ここでは、主なコミュニケーションの要素を見てみましょう。

ペラペラペラペラペラペラ……

バーバル・コミュニケーション

言語によるコミュニケーション。

- 会話
- 文字

ノンバーバル・コミュニケーション

言語以外によるコミュニケーション。

- 身ぶり手ぶり、体の動き
- 表情、視線
- 姿勢
- 話し方、声の大きさ
- 容姿、スタイル、身体的特徴
- ファッション
- パーソナルスペース（▶P26）

……

矛盾したメッセージは混乱を招く！

怒りの表情で「ありがとう」と言われるなど、相反する情報を一度に受けとると、人は混乱します。「ダブルバインド」とよばれる状態で、相手の気持ちがわからないため、受け手側は強い緊張を感じます。ノンバーバル・コミュニケーションは、重要な要素です。

ありがとう
?

しいだけで心まで美しいように感じたり、ハキハキとしたあいさつをしているだけで誠実な人だと思い込んだりするのはよくあること。「見た目」はあなどれません。

ただし、大事なのは「美形かどうか」という点ではありません。「感じがよい」と思われる人は、身だしなみに清潔感があり、笑顔で穏やかに話すなど、相手に対して好意的なサインを送っているものです。

もっと！他人の心理学

美男美女なりの苦労もある

外見がよいと、まわりから高評価を得やすいのはひとつの真実。しかし、そのぶんちょっとした失敗や失態でひどく非難されたり、失望されたりという苦労をすることも。また、異性からモテることも多いですが、「自分には釣りあわない」と、美人やイケメンを敬遠する人も多くいます（▼P95）。

WORD ハロー効果…他者がある部分でよい面をもっているとき、その評価をその人の全体的評価にまで広げてしまうこと。「光背《こうはい》効果」「後光効果」とも言う。よくない面についても同じことが言える。

02 「目はココロの窓」である

目は大事なコミュニケーションツール

好意や敵意のほか、視線は多くの意味をもつ

日本で「アイコンタクト」※の言葉が広く知られるようになったのは、サッカーの世界からだと言われています。**目を合わせ、互いの意志を確認**しながらプレイするという意味ですが、サッカー選手でなくてもアイコンタクトは重要です。

たとえば、**相手の反応が欲しいとき**、私たちは相手の目を見て確かめます。**相手に伝えたいことがあるとき**も、目を合わせて訴えかけます。また、見つめあう恋人同士のように**相手への好意を示す**こともあれば、逆に**敵意のサイン**としてにらみあうこともあるでしょう。

一方、視線をそらすことにも意味があります。たとえば、**うしろめた**

↘とき(意思を伝えたいとき)、③好意を示すとき、④敵意を示すとき、の4つを挙げている。

「視線」からわかる心理

「目は口ほどにものを言う」「目は心の窓」などの言葉もあるように、
人は目を通して多くの情報を得るとともに、周囲にメッセージを発信しています。

視線を送る、合わせる

●相手の反応が知りたい
たとえば会話中、話や気持ちが伝わっているか、相手を見つめて確認する。

●相手に意思を伝えたい
自分の意思を伝えたいとき、相手の目を見たり、目で合図を送ったりする。

●好意のサイン
好意をもつ相手とは、よく視線を合わせるもの。ただし、恋人同士でもないのに不自然なほど目をそらさないのは、おそれや不安、うしろめたさ、敵意などをもっている可能性大。

●敵意のサイン
ケンカの際に相手をにらみつけるのは典型例。目で対抗意識を表している。

視線をそらす

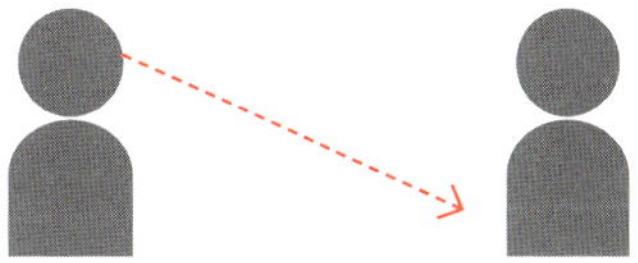

●うしろめたさを感じている
相手を見ると、相手から見られていることも強く意識させられることになるため、相手に対してうしろめたいことがあるときや、自信のないときは、目を合わせづらくなる。ただし、あえて相手をじっと見て、うしろめたさを隠そうとする場合もある。

●恐怖を感じている
相手をおそれているときは、視線を下にそらしやすい。

●「立場が上」であることのサイン
目をそらすことで、相手への関心の低さや、相手より優位にあることを示しているのかもしれない。もしくは、「相手より優位に立ちたい」という意識の表れ。

いことがあるとき、相手から目をそらしてしまうのはよくあること。逆に、怪しまれないために相手をじっと見つめてしまう人もいるでしょう。

心理学的には、「立場が下の人」ほど目をそらさないと言われています。裏を返せば、**先に目をそらすのは相手よりも優位に立っているという意識の表れ**であることも。

「視線」が発するメッセージは、実に多岐にわたります。

こんなときに！心理術

先にそらして優位に立つ

交渉の場などでは、あえて相手よりも先に目をそらすことで、優位に立てることも。相手は、先にそらされることで多少なりとも不安を感じ、強気な気持ちが崩れやすくなります。目をそらすタイミングは、目が合ってから「3秒」くらいが目安。

WORD アイコンタクト…視線を合わせてコミュニケーションをとること。心理学者ナップは、アイコンタクトをとるときの心理として、①フィードバック（相手の反応）が欲しいとき、②相手と連絡をとりたい↗

03 眉と頬でココロが読める!?

気持ちはどうしても顔に出てしまうもの

眉と頬からわかる感情のプラス・マイナス

私たちは、人が目を丸くして口を開けていれば「驚いている」と感じ、眉をつりあげ、眉間にしわを寄せていれば「怒っている」と感じます。

こうした**表情**※は世界共通。人が社会的動物として進化する過程で身につけたものです。**国籍や文化が違う相手であっても、私たちはたいてい表情を正しく読みとることができます**。心理学者エクマンは、多くの実験を重ね、このことを実証しようとしてきました（左上図）。

表情は、顔にたくさんある「表情筋」によって変化します。なかでもポイントになるのが、**眉（皺眉筋《しゅうびきん》）と頬（頬骨筋《きょうこつきん》）の動き**です。見たものを「好き」と感じるなど、**プラス**

↘な感情として、怒り、恐怖、喜び、悲しみ、驚き、嫌悪の６つを挙げ、人は誰でもそれぞれの感情を表情から読みとることができると述べている。

ココロファイル 2

「表情」に国境はない!?

実験 アメリカの心理学者エクマンは、被験者に対して6種類の表情の写真を見せ、その表情が表す感情を読みとらせた。被験者はいくつかの国の中から選ばれた。

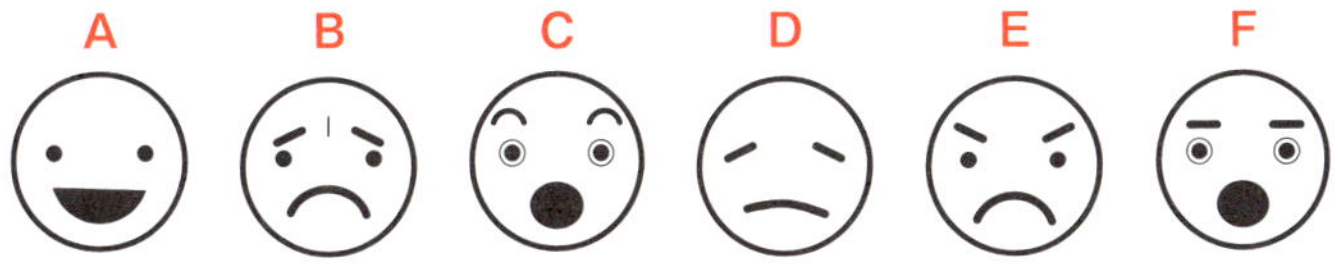

結果 結果は次の表のとおり。表は、各国の被験者のうちどれくらいの人が、エクマンによる分類と同じ表情判断をしたかを示している(数値は%)。

写真	A	B	C	D	E	F
エクマンの分類	幸福	嫌悪	驚き	悲しみ	怒り	おそれ
アメリカ	97	92	95	84	67	85
ブラジル	95	97	87	59	90	67
チリ	95	92	93	88	94	68
アルゼンチン	98	92	95	78	90	54
日本	100	90	100	62	90	66

(Ekman, 1973をもとに作成)

表情の読みとり方は国によって大差なく、おおむね同じである!

※のちにエクマンは、テレビなどをもたない民族にも同様の実験を行い、ほぼ同じ結果を得ている。

の感情を抱いたときは、頬が上がってにこやかな表情になり、逆にマイナスの感情を抱いたときは、眉が動き、眉間にしわが寄ります。

表情筋には自分の意思で動かせるものもあるので、表情はつくることもできます。とはいえ、とっさの感情はどうしても顔に出てしまうもの。相手を注意深く見ていれば、表情をつくるまでの一瞬のあいだに、本音が垣間見えるかもしれません。

もっと! 他人の心理学

人は笑顔よりも怒りに敏感

人は、喜びや好意の表情よりも、怒りやおそれの表情に敏感に反応します。これは、攻撃から身を守るための本能のようなものです。大人数の授業や会議では、どんな顔をしていても気づかれないと思いがちですが、先生や上司も不快な表情にはまず目が向きます。油断は禁物!

WORD 表情…人の顔にあるさまざまな筋肉(表情筋)が、感情を伝える無意識の神経伝達信号によって変化すること。また、心の内にある感情を顔つきによって表すこと。心理学者エクマンは、人がもつ基本的↗

04 表情が先？ 気持ちが先？

楽しいから笑うのか、笑うから楽しいのか

表情と感情は連動している

一般的には、感情が表情に表れると考えられていますが、逆の説もあります。**表情が感情を生み出す**という「**顔面フィードバック仮説**※」です。また、表情は感情そのものだと述べる心理学者もいます。

どちらの説にしても、**感情は「表情をつくる」ことで変えられる**ということになります。意識して笑顔をつくっていると、不思議と気持ちが前向きになったりするものです。実際、**笑顔でいれば楽しい感情が強くなり、眉をしかめていれば悲しみや不快の感情が強くなった**という実験結果もあります。

また、「表情をつくる」ことは、コミュニケーションを円滑にする手

※WORD 顔面フィードバック仮説…アメリカの心理学者トムキンスが発表した仮説。顔の表情筋が刺激に反応して表情をつくり、それが脳にフィードバックされることで、感情が生まれるとする説。

ココロファイル 3

頬を上げれば気持ちも上がる!?

実験 ドイツの心理学者ストラックらは、被験者にマンガを読んでもらい、どのくらいおもしろかったか、楽しい気分になれたかを採点してもらった。被験者はふたつのグループに分かれ、次のいずれかの状態でマンガを読んだ。

ペンを唇でくわえる

↓

口をとがらせた不満げな表情

ペンを歯でくわえる

↓

頬が上がり、微笑んだ表情

結果 ペンを歯でくわえたグループ、つまり微笑んだ表情でマンガを読んだグループのほうが、マンガをよりおもしろいと採点した。

> 人は楽しいと笑顔になる。しかし、笑顔をつくることで楽しい気分になることもできる！

段でもあります。たいしておかしくもないのに笑って見せたり、あまり親しくない人に対しても笑顔で接したりといったことは、誰もが行っています。**「つくり笑い」や「愛想笑い」は、相手とよい関係を築きたいというメッセージ**です。

ただし、笑顔をつくるにはコツがあります。目も口も同時に笑おうとすると、いかにも愛想笑いらしくなってしまいがち。**口から先に笑う**ほうが、自然な笑顔に近づきます。

関連トリビア

姿勢も気分に影響する

表情と同じく、姿勢も気分に影響します。「背筋を伸ばして胸を張る」という動作を続けることで気持ちが明るくなり、自信がもてるようになったという実験データもあります。

また、顔を上げて「上を見る」だけでも気持ちを上向きにする効果があることがわかっています。

ココロは顔に書いてある!?

表情や視線が示す心理について、もう少し掘り下げてみましょう。
まわりの人のココロがもっとわかるようになるかも!?

視線

会話中にどこを見ている？

心理学者ピースらによると、相手との関係によって会話中の視線は次のように分けられるそう。相手の視線が比較的下にまで向いているようなら、好意や興味のサインかもしれない。

目の高さから額まで

- 相手を威圧したい。
- 相手よりも優位に立ちたい。

目の高さからあごにかけて

- 親しい相手など、リラックスして打ち解けている。
- 相手の気持ちを読みとろうとしている。

全体的に見つめる

- 初対面の相手など、相手のことを知りたい。
- これから仲よくなりたい。

考えごとをしているときにどこを見る？

神経言語プログラミング（NLP）という分野では、どのような光景を思い浮かべているかによって、目の向きやすい方向があることがわかっています。

また、視線の向きはどのような思考をしているかを表しているという研究データもあります。

向かって左上
（本人から見て右上）

- 未体験のことやウソを想像している。
- 言語や計算に関わることなど、論理的、分析的な思考をしている。

向かって右上
（本人から見て左上）

- 過去の体験を思い出している。
- 絵画を見るときなど、空間的、直感的な思考をしている。

まばたき

まばたきの頻度は？

まばたきには目の乾きを潤す働きがあります。一般的な人のまばたきの回数は毎分15～20回。緊張している場合など、交感神経が優位に働いているときは目が乾くため、まばたきが多くなります。まばたきが多いと、まわりから「頼りない」印象をもたれやすくなります。

まばたきが多い

- 緊張している。
- 神経質な人は、ふだんからまばたきが多い。

まばたきが長い

- 相手と目を合わせたくないという気持ちがある。
- 緊張しているか、警戒心や拒絶心がある。

そうだよねー
わかるわかる

笑顔

どんな笑い方をする？

あまり笑わない人よりもよく笑う人のほうが、まわりの人と仲よくなりたい気持ちが強いもの。「笑い」にも人柄が出ます。

よく笑う

- 周囲の人と仲よくなりたがるタイプ。
- 気持ちに余裕がある。

含み笑いをよくする

- 相手の様子や自分の表情を意識する余裕がある。
- 感情のコントロールが上手。

ふふふ

豪快に笑う

- 相手に気持ちを開いている。
- 感情を隠すのが苦手。

わっはっは!

「向かって右側」の表情に本音が出る

表情や視線には、脳の働きが関係しています。向かって左側（本人から見て右）は論理を支配する左脳の影響を受け、向かって右側（本人から見て左）は感情や知覚を支配する右脳の影響を受けています。より本音が表れやすいのは、右脳の影響を受けている「向かって右側」だと言われています。

見た目

05 貧乏ゆすりは退屈サイン

無防備な部分に本音が見えていることも

会話を楽しんでいるかは動きや姿勢に出る

楽しく会話をしている最中に、相手が貧乏ゆすりをはじめたり、指をごそごそといじりだしたりしたら…。残念ながら楽しいと思っているのはあなただけで、相手は退屈している可能性大。**話に関係のない動作は、関心のなさや退屈の表れ**です。

言葉はつくろうことができますが、姿勢や動作はなかなかそうはいきません。特に会話中は、話に気をとられるぶん、顔から下は無防備になりがち。知らず知らずのうちに体が本音を暴露していることもあります。

通常、体は興味があるほうを向きます。たとえばカフェで向かいあって話しているふたり連れがいたとします。このとき、**相手のほうに体を**

楽しんでいる？ 退屈している？

無意識の動作やしぐさが、心の中を表していることはよくあります。
好意のサインもあれば、退屈（または緊張、不快）のサインもあります。

Check 1 体の重心はどこにある？

好意や興味があれば、自然と相手のほうに重心が寄るもの。

好意のサイン

- 顔や体を相手に向ける。
- 前のめりになる。

退屈の可能性も

- ふんぞりかえる。
- 相手と距離をとる。

Check 2 手や腕はオープンな状態？

心を開いているときほど、手や腕も開いてゆったりかまえるもの。

好意のサイン

- 腕を広げている。
- 手のひらを見せている。

退屈の可能性も

- 腕組みをする。
- こぶしを握りしめている。
- 手をテーブルの下に隠している。

Check 3 どんな動作をしている？

無意識にしている動作にも、何かしらの意味が隠れているもの。

好意のサイン

- 動作やしぐさがシンクロしている。

退屈の可能性も

- 貧乏ゆすりや指いじりなど、話に関係のない動作をする。
- ほおづえをつく。

Check 4 つま先が向く先は？

つま先まで意識を集中させている人は少ないため、意外と本音が出やすい。

好意のサイン

- 相手のほうを向いている。

退屈の可能性も

- 相手とは逆の方向や、出口のほうを向いている。
- つま先を前に投げだし、ブラブラしている。

向け、やや前かがみになって話しているなら、相手に好意があり話に興味をもっている証拠です。しぐさや動きなどが似てくる「シンクロニー」※も見られるかもしれません。

また、心を開いている相手に対しては、体も自然と「オープン」になります。**腕を広げる、手のひらを見せるなどは、心を開いてリラックス**していることを意味します。逆に、**腕組みをしていたり、こぶしを固く握りしめていたりするのは、緊張や警戒のサイン**なので、要注意。

もっと！ 他人の心理学

シンクロニーのいろいろ

シンクロニーはしぐさや姿勢、動きのほか、話すときのトーンやスピードなど、さまざまな要素で起こります。会話に夢中になるうち、相手の口グセがうつってしまうのも、その例です。

WORD シンクロニー…一方が足を組んだらもう一方も足を組むなど、コミュニケーションをとっている者同士、行動が連動し、似てくる現象。好意をもつ相手とのあいだで起こり、仲のよい夫婦などに見られる。

見た目

06

髪にふれるのは不安の表れ

髪、顔、腕などを思わずさわってしまう

自分で自分にふれて気持ちを落ち着かせる

小さな子どもは、不安なときやさびしいとき、周囲の大人に甘えることができます。頭をなでてもらったり、ぎゅっと抱きしめられたりすることで、気持ちが落ち着いたり、なぐさめられたりします。しかし、大人はそうはいきません。

そこで、**頭をなでてもらう代わりに自分で髪や頭にふれたり、抱きしめてもらう代わりに肩や腕にふれたり**します。これらは**さびしさをなぐさめ、不安な気持ちを落ち着かせるための「※代償行動」**です。

会話をしているときや、慣れない場にいるときなどに、何気なく自分の上半身にふれている人は、不安やさびしさを感じていると思われます。

WORD 代償行動…ある欲求が満たされないときに、それに代わる行動をとることで欲求を満たそうとすること。不安やさびしさを紛らわすために、自分の体のふれる行為は「自己親密行動」とも言う。

自分自身にふれる心理

なんとなく気まずいときに自分の顔に手をやったり、腕をさすってみたり…。
自分自身にふれる心理について、少し詳しく見てみましょう。

髪や頭にふれる

幼い頃、頭をなでられて安心感を得てきたことから、不安をなだめたいときは、髪や頭にふれやすい。

自己中のサイン!?

会話中に髪を指にくるくると巻きつけたり、髪を過剰になでつけたりしている女性は、自己中心的な傾向があるかも。

腕にふれる・腕組みする

腕にふれたり、自分の腕を抱え込むように腕組みをしたりするのは、抱きしめられることの代償行動。

拒絶感の場合も…

腕組みはその位置や姿勢に注意。胸を張り、高い位置で腕組みをするのは、相手を威圧したい、拒否したいという気持ちの表れ。

唇にふれる

赤ちゃんの頃、母親のおっぱいを口にすることで安らぎを得てきた感覚を再現。依存的な気持ちが強い。

こんな行動も…

食べ物をよく口にする、爪を噛むなど、口に刺激を求めたがる人は、不安を抱え、甘えたい気持ちが強いのかもしれない。

あごにふれる

相手の発言から自分を守りたい、間違った発言をしたくないなど、慎重な気持ちがある。

先週の土曜はたしか…

額をさする

うしろめたい気持ちや、苦しみや焦り、不快感などがある可能性大。

まいったなあ…

そのメッセージを受け止め、やさしい言葉をかければ、心を開いてくれるかもしれません。

ちなみに、**「自分にふれる」傾向は女性より男性のほうが強い**と言われています。男性は女性に比べてまわりの人にふれられる機会が少なく、そのぶん「ふれられたい」という気持ちが強いのです。**ふれられて特にうれしい部分は、二の腕。**女性と歩くときにも、腕を組むと一番気持ちが落ち着くそうです。

もっと! 他人の心理学

恋人の鼻にさわりたがるのは…

鼻は、心理学的には性器の象徴だと言われています。恋人の鼻にふれたり、キスをしたりするのは、相手の「大事な部分」にふれたいという欲求の表れであることも。相手との恋愛に不安を感じており、ふれることでそれを解消したいのかもしれません。

見た目

07

ウソは見えてくる

うしろめたさはどこかに表れる

ウソを見抜くポイントは体の動きに注目すること

※ウソをつくときは、話すことにかなり気をとられます。そのため、ふだん以上に、無意識のしぐさに焦りや緊張が表れやすくなります。

たとえば、**顔をよくさわる**場合。**うしろめたさから、顔や口周辺を隠したいという気持ちがある**のかもしれません。緊張で口やのどが乾くため、**つばを飲み込む回数がふだんより多くなる**ことも。また、体がかたまっていたり、身ぶりが不自然に大きかったりなど、**いつもと違う体の動き**をする場合もあやしいでしょう。

もちろん話の内容や話し方にも、ウソを見抜くポイントはあります。恋人に「昨日は何してたの?」などと尋ねたとき、自分が感じたことを

↘相手を傷つけないために思いやりの気持ちからつくウソもある。誰もがウソをつきながら生きているのである。

ウソのサイン

ウソは簡単に見抜けるものではありません。
しかし、ウソをついているときによく見られる行動はヒントになります。

顔によくさわる

うしろめたい気持ちから顔を隠したくなっているのかも。特に鼻や口まわりをさわる場合は要注意。

その日は用事があって…

つばを飲み込む

緊張すると、どうしても口やのどが渇くため、つばを飲み込む回数が増えやすい。

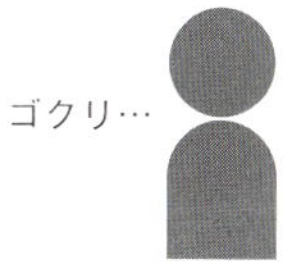
ゴクリ…

えっ!?
知らないよ？

不自然な動き

緊張感や焦りから、ふだんよりも身ぶりが増えたり、逆に減りすぎたりすることも。

それはね…

手を隠す

一方の手でもう一方の手をつかむ、テーブルの下に手を置くなど、手を隠すのは警戒心の表れ。

言葉の注目ポイントも！

ウソをつくためには頭をフル回転させなくてはならない。話し方や話の内容に、右のような不自然な点が見られることも。ポイントは「ふだんと比べて様子がおかしくないか」です。

不自然ポイント

- 出来事だけを語る。
- 話が流暢すぎる。
- 会話のテンポが遅い。
- 言い間違いが多い。

一切言わない場合は要注意。**ウソをついていると出来事の感想を述べにくくなる**と言われています。

なぜなら、ウソをつくには頭を使うため。出来事と感想の両方でウソをつくと大変なので、どちらか一方ですませたくなるのは自然なことです。多くを語りすぎると、つじつまを合わせるのにもひと苦労です。

一方、**あまりに流暢《りゅうちょう》に細かなことまで話し出す**場合も危険。ウソがバレないように、事前に話すことを準備していた可能性があります。

もっと！ 他人の心理学

だまされ上手は幸せをつかむ!?

アメリカの心理学者キーナンらの調査によれば、『男性のウソを見抜く能力が高い女性』は、恋人や夫のいない割合が高いとのこと。相手をむやみに疑わない気持ちも必要です。

WORD ウソ…本当ではないこと。また、事実に反することをあたかも事実であるかのように話すこと。ウソにはさまざまなものがあり、たとえば相手をだますためのウソや、自分を守るためのウソもあれば、↗

ボディランゲージを読む！

体の動きには、その人の心の内が表れています。
ボディランゲージについて、さらに詳しく見てみましょう。

手

相手を指さすのは「威嚇《いかく》」したい気持ちから

話しているときに指さすのは、自分を実際以上に大きく見せたい気持ちや、相手よりも優位にあることを示したい心理から。裏を返せば、それだけ自信のなさや不安を抱えている証拠。周囲を自分よりも「下」に見ることで安心する、自己中心的なタイプと言えるでしょう。

大げさな手ぶりをする人は話を盛っている!?

大きな身ぶり手ぶりを交えながら話す人は、自分に酔っている可能性大。聞き手を話に引き込むため、つい話を「盛って」しまうこともしばしば。サービス精神の表れでもあるのですが、話を真に受けすぎないほうがよいかもしれません。

「女の勘は鋭い」理由とは

女性はノンバーバル・コミュニケーション（▶P50）の能力、つまり相手の表情や体の動きなどから言外のことを読みとる力が高いことがわかっています。その理由に、昔から「周囲とのつながり」や「共感」を重視してきたからだという説があります。また、子育てに必要不可欠な能力だったためだとも言われています。いずれにしても、女性はささいな変化に敏感に気づきます。さらに、基本的に男性よりも記憶力がよく、左脳と右脳の連携が得意。小さな手がかりから「もしかしたら…」と、真実を突き止めてしまうことは少なくありません。

脚

脚の組み方に特徴はある？

精神医学者シェフレンは、脚の組み方や脚を組む頻度によって次のような特徴があると述べています。シェフレンによると、脚を組みかえる標準頻度は20分間に２～４回程度。つまり多くても５分に１回程度が目安です。

●主に右脚を上にして組む

内気な傾向あり。リーダーになるより誰かについていくほうが好き。

●主に左脚を上にして組む

オープンな性格。自己主張が強いため、ときにわがままになることも。

●脚を頻繁に組みかえる

高ぶっている感情をおさえたい。体を動かして血行をよくすることでリラックスしようとしている。

姿勢

男性の姿勢のくずれは「好意」のサイン!?

心理学者メラビアンによると、男性は好意をもつ女性と話しているとき、一方の肩が下がり、姿勢がくずれることが多いそうです。肩が下がるということは、力が抜けてリラックスしている証拠。相手の女性に対して心を許していると言えます。

女性の場合は…

女性の場合は逆。嫌いな人を思い浮かべると一方の肩が下がりやすいそう。

08 瞳の輝きはモテ要素

魅力的な外見には理由がある

瞳の輝きは好意や関心のサイン

心理学者ヘスの実験によると、多くの男性が、※**瞳孔**《どうこう》が大きな女性を魅力的に感じることがわかっています。

瞳孔の大きさは、好意や好奇心のサイン。人の瞳孔は、通常周囲の明るさに応じて大きくなったり小さくなったりしますが、実は、**目の前の対象に好意や好奇心を抱いているときにも、瞳孔は大きくなる**のです。

瞳孔が大きい人を魅力的に思うのは、自分に対して好意や関心を抱いてくれていると感じられるから。とはいえ、私たちは瞳孔の大きさを細かく認識しているわけではありません。瞳孔が大きくなった瞳は、**黒目が大きく、生き生きと輝いて見え、その輝きに魅力を感じる**のです。

WORD ▶ 瞳孔…黒目の中央にある、色が濃くて黒い部分。目に入る光の量を調整するために拡大・縮小する。また、目の前の対象に関心や好意があるなど、情緒的に興奮したときも瞳孔が開き、瞳の輝きが増す。

ココロファイル 4

黒目が大きいほうが魅力的！

実験 心理学者ヘスは、被験者男性に女性の顔写真を２枚見せ、瞳孔反応を調べた。２枚の写真は同じ写真だが、一方の写真は瞳孔を大きくする修正をしている。

結果 瞳孔を大きくした写真に対して、被験者男性の瞳孔は約２倍の拡大反応を示した。さらに、実験後に好きなほうの写真を持ち帰ってもらったところ、大半が瞳孔を大きく修正したほうを持ち帰った。

瞳孔が大きいほうが、
魅力度が増す！
もとの写真
瞳孔を大きく加工した写真
魅力的だ！
被験者男性
男性の瞳孔は、もとの写真を見たときに比べて約２倍になった。

外見的な魅力を感じるうえでは、**「よりよい遺伝子を残したい」という本能**も深く関わっています。たとえば、美形と判断される人の多くは、顔立ちや体つきが左右対称に近く、ズレやゆがみが少ないと言われています。**※左右対称性は、病気やストレスに強く、健康であることの証**です。

男性が大きなバストやくびれたウエストを好むのも、繁殖能力の高さを感じるため。これらは女性ホルモンが正常に働いており、必要な栄養がとれていることの表れなのです。

こんなときに！心理術

夜は自然と魅力的に

光が少ない場所では、自然と瞳孔が開き、瞳が輝いて見えます。意中の人に自分をアピールするには、ほのかなレストランで会ったり、夜に会ったりするのも効果的です。

WORD 左右対称性…人が相手を「整った顔立ち」だと判断するときの条件のひとつ。顔や体のズレやゆがみが少ないことは、病気やストレスに強く、健康体であることを表している。

見た目

09

やせたがる女たち

健康を害してまでダイエットをするのは危険

あれ? もう食べないの?
太ってるから やせなきゃ
ごちそうさま
え〜!? 太ってないじゃん
全然ダメ! もっとやせなきゃ 彼氏できない!
太ってるから何着たって 似合わないし やせたほうが好かれるし 営業成績だって上がるはず!
だから やせるのっ
そうかな…
そうだよ

過剰な自己否定は病気につながる

まわりから見れば全然太っていないのに、「やせたい」「もっとやせなくちゃ」という女性はよくいます。スラリとしたモデル体型には多くの人があこがれますし、より美しくなりたいと思うことは決して悪いことではありません。

しかし、何事も「気にしすぎ」は禁物。**極端なダイエットに走ると、それがきっかけで「摂食障害※」を招くこともあります。**

摂食障害のひとつである「拒食症※」は、**実際は太っていないのに「自分は太っている」と思い込み、食べ物を受けつけなくなってしまう病気**です。当然体調にも悪影響を及ぼし、いきすぎると無月経や低体温に陥る

↘くなる病気。「過食症」は、多くの人に比べて明らかに大量の食事をとり、その反動で食べたものを吐く、下剤を使用するなどの行動をとる病気。拒食症と過食症を交互に繰り返すケースもある。

摂食障害になる要因は？

「やせたい」と願う女性が非常にたくさんいる現代。
摂食障害に陥る危険は、誰にでもあるのかもしれません。

強い自己否定

- 自分は太っているからダメ
- やせないと好かれない
- やせればまわりからも認められる
- やせれば自信がもてるはず

- ダイエット
- 強いストレス
- 周囲からの言葉
- 事件や事故など

摂食障害

摂食障害の発症の背景には、強い自己否定など心の問題がひそんでいることが多い。発症のきっかけはダイエット以外にもさまざまある。

ダイエットは急がば回れ！

急激なダイエットをすると、どこかで反動が起きるもの。ダイエットを成功させるには、食事量を9割程度にするなど、小さな変化を積み重ねるほうが近道。また、食事に手間をかけるほど満足度が高くなるので、外食やレトルトよりも自炊がおすすめ。

ほか、ひどい場合は死亡してしまうケースもあるため、医療機関での治療が必要となります。

やせたがる女性には、自分に自信をもてない人が多くいます。「自分は太っているからダメなんだ」「やせれば周囲に受け入れてもらえる」といった自己否定が、過剰なダイエットへと向かわせるのです。解決するためには**「いまの自分」を肯定し、根本的な不安やストレスを和らげていくことが大切**です。

もっと！ 他人の心理学

男性の多くはぽっちゃり好き？

生物学的には、多少太っている女性のほうが栄養状態もよく、子どもを健康に産んでくれる可能性を秘めています。モデル体型を好む男性ももちろん多くいますが、男性は、本能的にぽっちゃりとした女性を好むようにできているのです。

WORD 摂食障害（拒食症／過食症）…食べ物に関して問題が見られる精神疾患。たとえば「拒食症」は、明らかに太っていないのに太っていると認識し、さらに体重を減らそうとするあまり、食べ物を受けつけな↗

⑩ メイクでキャラが変わる!?

行動力の源にもなるメイクの力

♪
あれ？
お姉ちゃん
今日は何かあるの？
メイクするなんて…
いつもスッピンにジャージ
←スニーカー
出かけるわ…
!
♪
行ってくるねー

よりよい自分を演出すれば明るく積極的になれる

メイクをしたり、ファッションや髪型を気にしたりするのは、二種類の目を意識しているからです。

そのひとつは「自分の目」。素顔の自分とは違う自分になることで、**ある種の「変身」を楽しむ**ことができます。人は誰でも**いままで知らなかった自分に出会いたい、自分の可能性を広げたいという欲求**をもっており、これを**「自己拡大」**※と言います。メイクやファッションは、その気持ちを叶えるツールとなります。

そしてもうひとつが「他人の目」。好かれる外見へと近づけるなど、メイクは**まわりから見た印象をコントロールするツール**でもあります。

ヘアメイクがうまくいっている日

↘う欲求をもっているため、自己確認や自己拡大を求めている。このうち、より大きな喜びとなるのは、自己拡大が促されたときである。

メイクは人を輝かせる！

メイクがうまくいくと、外見的な魅力が増すだけでなく、気分もよくなります。ポジティブな気持ちは、さまざまな行動を後押ししてくれます。

変身願望が満たされる

誰でも、ふだんと違う新しい自分になりたいという願望がある。メイクはその願いを叶えてくれる。

新しい
つけまつ毛で
目力アップ！

印象をコントロールする

「相手によく見られたい」「好意をもってもらいたい」という気持ちから、相手に受け入れられるよう自分を演出する。

大事な会議が
あるから
キリッとメイク

メイクがうまくいくと…

● 自信がアップする

「理想の自分」に近づくことで自信がもてるようになり、考え方や行動が積極的になる。バッチリ化粧をしているうちに社交的な性格に変わることも。

● 評価がアップする

多くの実験で、ノーメイクの女性よりもメイクをした女性のほうが、男性からの評価が高いことが実証されている。

笑顔が一番のメイク

メイクやファッションに凝るのもよいが、印象を高めるには素敵な「笑顔」を心がけることが最も大切！

は、周囲に対して自信をもって接し、気持ちよく行動することができます。逆に、うまくいっていない日は気分がのらないもの。他人から見た自分を「イマイチでは？」と思うと、ついつい行動も消極的に。

ただし、まわりの目を意識しすぎると、欲求不満に陥ります。**メイクやファッションを頻繁に変える人、美容整形を繰り返してしまう人は、いつまでたっても自信や満足感が得られず、自分を見失っている**のかも。

もっと！ 他人の心理学

ナチュラルメイクは男性に人気

ナチュラルメイクを好む男性は多くいます。競争意識や闘争心が強い男性は、女性には安らぎを求めています。女性には攻撃的な存在であってほしくないという気持ちをもっているため、やさしく見えるナチュラルな外見に安心感をおぼえるようです。

WORD 自己拡大…いままで知らなかった自分についての情報をはじめて知ること。それに対して、すでに知っている自分について改めて知ることを「自己確認」と言う。人は「自分についてもっと知りたい」とい↗

11 ブランド物で身をかためる

自信をもつために大切なのは、思い込み!?

ファッションが自信を与えてくれる

たとえば、ブランド物で身をかためる人、好きな芸能人のファッションを真似する人。こうした人は、実は無意識に**不安や自信のなさを抱えている**と考えられます。

ファッションは、自分の生身の体を外界から守る一種の「鎧《よろい》」のようなもの。ブランド物を好むのは、お金持ちやセレブなど、「力」をもつ人と同じ鎧を身につけることで、強くなりたいからかもしれません。これを心理学では「**同一化**」※と言います。

ヒーローごっこをする子どものように、**誰かの真似をしてなりきり、自分も同じ能力やレベルをもっていると思い込むことで、自信を高めることができる**のです。好きな芸能人

WORD 同一化…自分にとって重要なものと自分を重ねあわせることで、同じ傾向を示すようになること。「自分＝あこがれの人」などと思い込むことは、不安を解消し、自信をもつことにつながる。

ファッションはココロの鏡

ファッションからはさまざまな心理を垣間見ることができます。
ここではいくつかの例を紹介しましょう。

ブランド服を好む

「お金持ち」や「セレブ」と自分を同一化している。自信のなさや不安を抱えているのかもしれない。

誰かのファッションを真似したがる

「誰か」と自分を同一化し、重ねあわせることで、自信を高めたいという気持ちがある。つまり、不安を抱えている。

派手な服を好む

自分と外界との境界をはっきりさせたいという気持ちがある。「自分」という存在にどこか不安を抱えている。

ベーシックな服を好む

流行やまわりに左右されない頑固な面をもつ。心の中には自分なりのこだわりをもち、実は自己主張が強い。

個性的な服を好む

「まわりの中にいる自分」という存在を認識したい気持ちをもつ。自分やまわりについて、冷静に把握している。

セクシーな服を好む

露出の高い服を好むのは、強力な「鎧」は必要ないと思っている証拠。プライドや自我が強く、自分をアピールしたがる。

のファッションを真似するのも、その人と自分を同一化することで、自信を高めたいという気持ちがあるからかも。裏を返せば、それだけ不安を抱えているということです。

また、**派手な服を好む人**からも、**より強力な鎧を身にまとい、不安を解消したい**という気持ちがうかがえます。派手な服は、自分と外界との境界を際立たせてくれます。つまり、それだけ「自分」という存在に不安を感じているということなのです。

こんなときに！心理術

同一化で自信を回復？

自信を失ったときは、同一化を利用するのも手。お守り代わりにあこがれの人のグッズを身につけたり、写真や名前を書いた紙を持ち歩いたり、ささいなことで元気はわいてくるものです。

ふとした場面でココロがチラリ

日常のささいな場面や、ちょっとした行動でココロが見えてきます。
ここでは、いくつかの例を紹介しましょう。

1 席の選び方でわかる心理

お店などでは、店内のどのあたりの席を好むでしょうか。また、相手と対面するとき、どのような位置関係で座りたがるでしょうか。

壁際の席を好む

他人との関わりを避けたい気持ちがある。

中央の席を好む

まわりに対してあまり関心をもっていない。

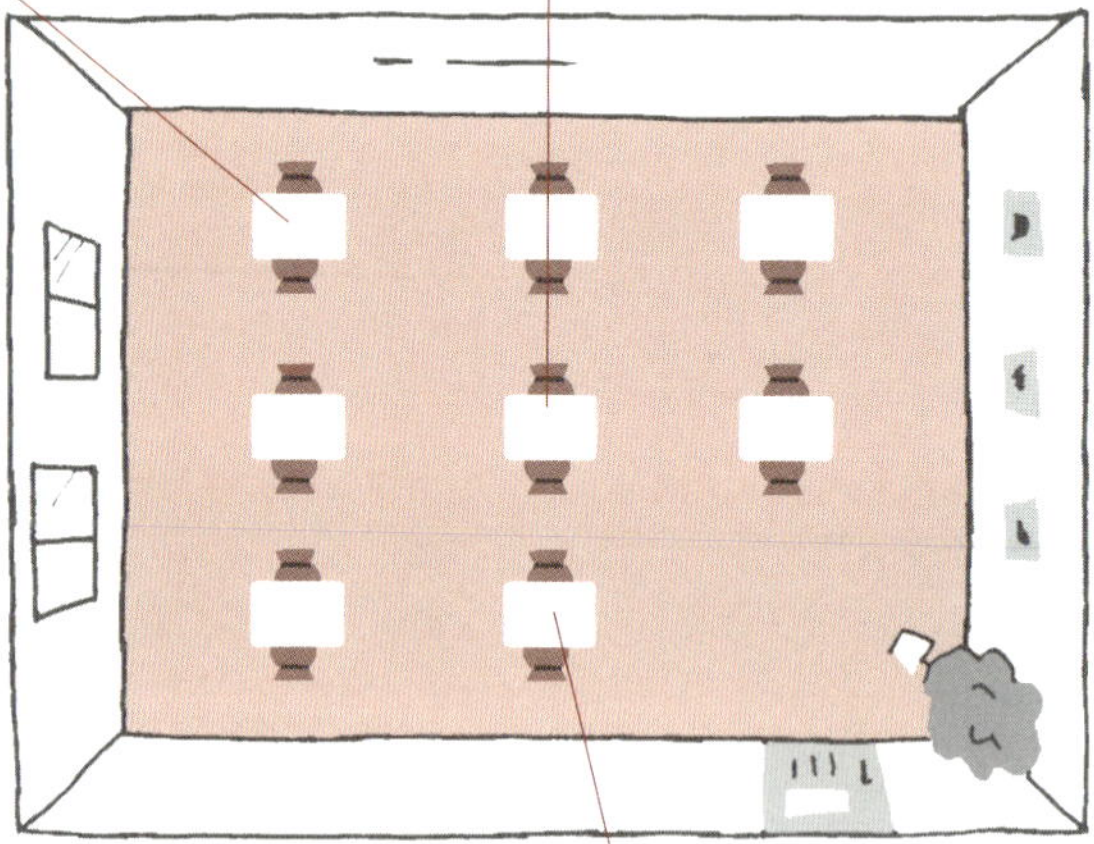

入り口の近くを好む

すぐに外に出られる席を選ぶのはせっかちなタイプ。

相手と真正面に座る

外向的な人は、相手の真正面に座ることが多い。

真正面を避けて座る

内向的な人に多い。真正面に座ったときの緊張感を和らげたいのである。

2 持ち物からわかる心理

お気に入りのアイテムなどからもその人の人柄が見えてきます。
ここでは代表的なものを紹介しましょう。

帽子が好き

自分をよく見せたいという願望をもっている。自意識が強く、個性を大切にしているタイプに多い。

アクセサリーが好き

アクセサリーをたくさん身につける人は自信がなく見栄っ張り。アクセサリーにこだわる人は保守的で頑固。

カバンがパンパン

ふだんから大きなカバンを好む人、必要以上にカバンに物を入れている人は、大きな不安やストレスがある。

3 写真のうつり方からわかる心理

カメラを向けたとき、どんな顔をするでしょうか。
そのときの反応によって、次のような性格傾向が見られます。

キメ顔でうつる

いつも同じ顔や角度でうつる人はナルシストの傾向あり。

変顔でうつる

一種の照れ隠し。自己主張が強いタイプに多い。

自然体でうつる

協調性があり、ひかえめなタイプ。自己顕示欲は弱い。

写真にうつりたがらない人は…

自分に自信がないタイプ。カメラを向けられると、理想の自分と現実の自分のギャップを感じてしまい、逃げたくなる。

4 好きな色からわかる心理

好きな色からも、相手の心理状態をうかがい知ることができます。
その日の気分によっても好きな色は変わります。

赤

- 積極性や行動力があるタイプ。
- 感情の動きがやや激しくなりやすい。

オレンジ

- 活発なタイプ。
- 広く浅い人間関係を好み、八方美人な面もある。

黄

- 知的好奇心や上昇志向が強いタイプ。
- 上下関係を重んじる。
- 飽きっぽい面も。

緑

- 保守的。
- 繊細で思慮深い。
- おしゃべりな一面もある。

青

- 物静かで安定した気持ちをもっている。
- 上下関係を重んじる。

ピンク

- 穏やかで安定した気持ちをもつ。
- 依存心が少し強い面もある。

紫

- 高貴なものへのあこがれが強い。
- 少しうぬぼれが強い面も。

茶

- 冷静沈着なタイプ。
- 親分肌だが、おせっかいな面もある。

グレー

- 忍耐強く、人の役に立ちたいタイプ。
- 自己中心的になるときも。

白

- 真面目な理想主義者。
- 努力を惜しまない。
- やさしい一面もある。

黒

- 感受性が強い。
- 他人に従うのを嫌う傾向がある。

5 寝相からわかる心理

多くの人の寝姿を調査したのが、アメリカの心理学者ダンケルです。
次のような、寝相と性格の関係を導き出しています。

王様型

あおむけでのびのびとした姿勢で寝る人は堂々とした自信家でおおらかな性格の人が多い。隠しごとは少ないタイプ。

うつ伏せ型

うつ伏せの姿勢で寝る人は几帳面で真面目。計画的に物事を進めることが得意。やや自己中心的なところもある。

胎児型

横向きで胎児のように体を丸めて寝る人は依存心が強め。オープンな性格ではないが、心を開いた相手とはべったり親しくなる。

半胎児型

横向きでひざを少し曲げた状態で寝る人はバランスのとれた性格。ストレスをため込まず、物事をスムーズに処理できる。

王様型

うつ伏せ型

胎児型

半胎児型

こんな寝相もチェック！

●横向きで手首や足首を交差させている
人間関係などでストレスを抱えていたり、物事がうまくいかず悩んでいたりする可能性大。

●布団や抱き枕に脚をからませている
欲求不満な状態である。

●布団にすっぽり包まっている
思慮深く慎重な性格。

●ひざを立てている
繊細で短気な性格。

手首や足首を交差させる囚人のようなポーズは、悩みをもつ人に多い。

ココロがわかる！　心理テスト ②

人物を描いてみよう

Q 下の欄に、人物の絵を男女ひとりずつ描いてください。顔だけなどではなく、全身像をできるだけ写実的に描いてみてください。

解説➡P185

PART

3

好き・嫌いの心理学

よい印象をもてる相手もいれば、そうでない相手もいます。
同じ人を「好き」だと思う人もいれば、「嫌い」に思う人もいます。
好き嫌いにまつわる心理的なからくりをひも解いてみましょう。

01 人間関係は「ギブ&テイク」

アンバランスな関係は長続きしづらい

公平なやりとりがよい関係の秘けつ

誰でも周囲の人たちとよい関係を築き、好かれたいと思うもの。そのために大切なのは、「ギブ&テイク」「持ちつ持たれつ」「支えあい」「歩み寄り」などだとよく言われます。

このような考え方は心理学にもあり、「**社会的交換理論**※」とよばれています。**人間同士のやりとりはすべて等価交換で行われており、好意や援助など、コストと報酬をバランスよく交換しあうことで成り立ってい**るという意味です。

友人、恋人関係などにおいて、「自分ばかりが尽くしている気がする」「いつも愚痴を聞いてあげているのにこちらの愚痴は聞いてくれない」など、**一方が不公平さを感じる関係**

WORD 社会的交換理論…人と人とのやりとりは、プラス要素とマイナス要素の交換によって成り立っているという理論。一方の損(または得)が大きく感じられる関係は、長続きしづらい。

人間関係はバランスが大事

誰かといっしょにいようとするのは、互いにメリットが感じられるから。
人間関係にも、ある種の「損得感情」のようなものが働いているのでしょう。

互いにメリットがあるとよい関係が続く

自分にも相手にもメリットがある関係は長続きしやすい。互いに助けあい、好意をもって接してきたらそれにこたえるのが人間関係の基本。

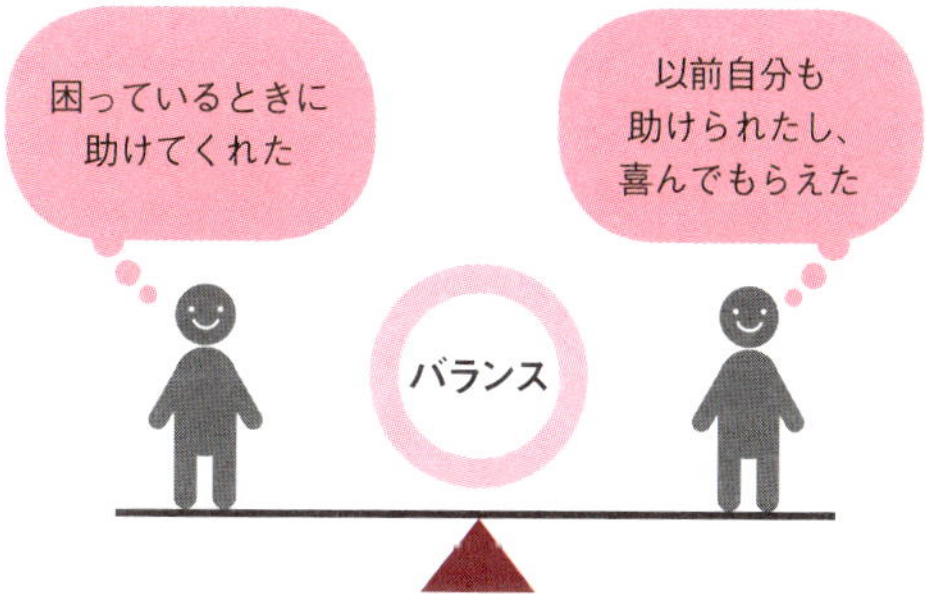
困っているときに
助けてくれた
以前自分も
助けられたし、
喜んでもらえた
バランス

一方の負担が大きいと関係が続きづらくなる

相手にプラス要素を与えても、相手からは返ってこない場合、関係が終わってしまいやすい。いっしょにいることのメリットが感じられないからである。

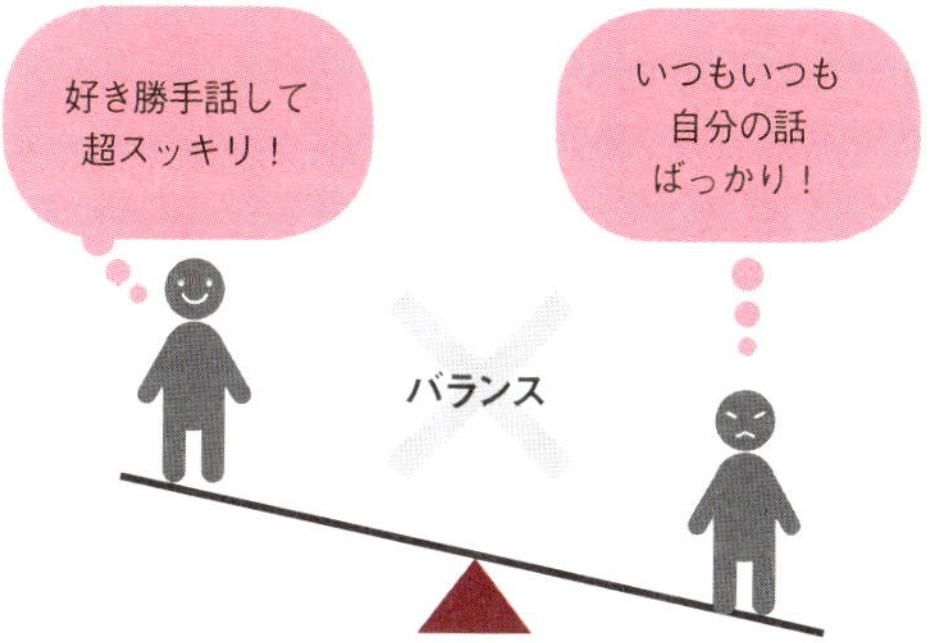
好き勝手話して
超スッキリ！
いつもいつも
自分の話
ばっかり！
バランス

は長続きしづらいものです。

また、相手から好かれるには、自分から好意をもって接することも大切。たいてい、**好意を示せば好意が返ってくる**もので、これを「**好意の返報性**※」と言います。やはり、人間関係は「ギブ&テイク」なのです。

自分の好意を伝えることは、恋愛においても有効なテクニックです。興味のなかった異性でも、好意を見せられることで意識するようになり、いつのまにか恋心が芽生えることは、少なくありません。

もっと！ 他人の心理学

こんなときにも 社会的交換理論

交渉ごとにおいて、相手に譲歩されると自分も譲歩しなくては…と感じたり、買い物で試食しておきながら買わないのは悪い気がしたりするのも、社会的交換理論によって説明できます。

※WORD 好意の返報性…相手から好意を与えられると、それと同じくらいの好意を返そうとすること。

02 「共通の敵」で仲よくなる

気が合うことで、居心地のよい関係がつくられる

「好き嫌い」が合う人と仲よくなるのが自然

苦手な人への不満を相談したことで意気投合し、一気に仲が深まった。誰でも一度はこんな経験があるのではないでしょうか。「共通の敵」や「共通の趣味」など、**互いに共感できることがあるからこそ、居心地のよい関係が成り立つ**ものです。

心理学者ハイダーは、自分、相手、物事の3つの関係性について、「**バランス理論**」※を提唱しました。これは、**好きを「＋」、嫌いを「－」で表した場合、バランスがとれている状態は、3つの関係をすべてかけると「＋」になる**という理論です。

たとえばあなたに恋人がいたとします。あなたも恋人も水族館が好きだとします。すると、あなたと恋人

※ランスが崩れると気持ちが不安定になってしまい、全体を「＋」にするために関係を変化させようとする。心理学者ハイダーが提唱。

意見が合えばうまくいく

心理学者ハイダーのバランス理論について、少し詳しく見てみましょう。
アンバランスな状態では、気持ちを変化させてバランスを保とうとします。

バランスのとれた関係

好きを「＋」、嫌いを「－」とした場合、３つをかけあわせると「＋」になるのが心地よい状態。同じ物事や人が好き（または嫌い）な相手とはうまくいくものなのである。

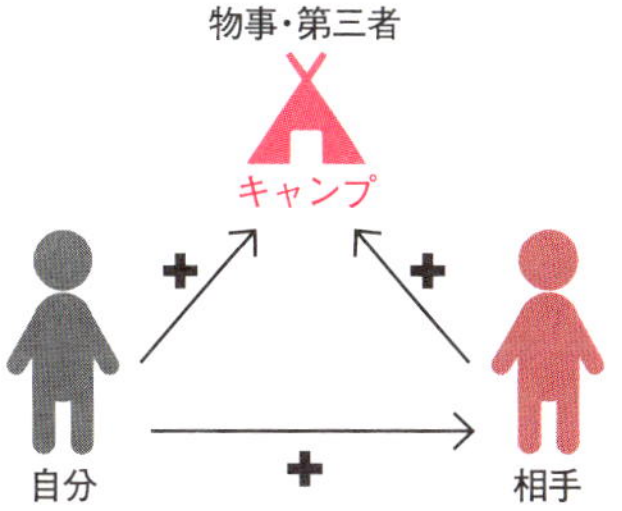

アンバランスな状態のときは…

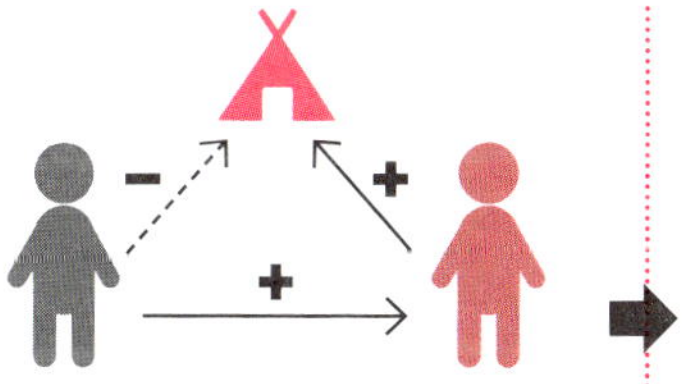

たとえば、好きな相手がいたとして、自分はキャンプが嫌いで、相手はキャンプが好きな場合、アンバランスな関係を解消したくなる。

1 自分がキャンプを好きになる
相手に対する気持ちのほうが強いと、相手の趣味に合わせようとすることが多い。相手とキャンプを楽しむことで関係も深まる。

2 相手にキャンプを嫌いになってもらう
相手の自分に対する気持ちが強い場合、自分の趣味に合わせてくれることも。

3 相手を嫌いになる
キャンプに対する気持ちのほうが強く、どうしてもゆずれない場合。

の関係が「＋」、あなたと水族館が「＋」、恋人と水族館が「＋」となるので、３つをかけあわせると「＋×＋×＋＝＋」となり、バランスがとれるわけです。恋人同士で嫌いなものが同じ場合も「＋×－×－＝＋」となり、バランスがとれています。

このように、**人は自分も相手も同じ人や物事が好き（または嫌い）という状態で気持ちが安定します**。そのバランスが崩れると、不快感や緊張感などが生じるものなのです。

こんなときに！心理術

趣味が合わないときは？

仲を深めたい相手の好きなものに関心がない場合でも、興味がなさそうなそぶりはNG！「どんなところがおもしろいの？」などと、相手と同じ方向に興味のベクトルを向けることが、仲を深める秘けつです。

WORD バランス理論…好きを「＋」、嫌いを「－」で表した場合、①自分、②相手、③物事や第三者の３つの関係について、すべてかけあわせると「＋」になる状態が、バランスのとれた関係だとする理論。このバ↗

03 ほめられると好きになる

誰だって周囲に認められるとうれしくなる

ほめ方には大きく4つのパターンがある

誰かにほめられるのは、気持ちよくうれしいものです。ほめてくれた相手には、自然と好意をもってしまいます。コミュニケーションを円滑にし、よりよい関係を築くためには、うまくほめることも大切です。

ほめ方（**評価**※）は4種類に分けられます。**誰かと比べてほめる「相対評価」**と、**比較によらずにほめる「絶対評価」**。そして**結果をほめる「結果評価」**と、**途中経過や変化をほめる「プロセス評価」**です。

4種類の中でも、**満足度が高いのがプロセス評価**です。「この1年、すごく努力したよね」「前よりキレイになってきたね」などとほめられると、思わずうれしくなるものです。

※WORD 評価…人や物事の価値を判断し、認めること。①相対評価：誰かと比べた評価、②絶対評価：比較によらない評価、③結果評価：結果に対する評価、④プロセス評価：途中過程や変化に対する評価がある。

ほめ方の４つのパターン

ほめ上手になるには、相手との関係性や状況に合わせたほめ方がカギ。
相手が喜ぶとっておきのほめ言葉を探ってみましょう。

相対評価

誰かとの比較による評価。

[例]

- クラスで一番頭がいいね。
- モデルの○○よりスタイルいいよ。

絶対評価

比較によらない評価。

[例]

- ○○くんは頭がよくて、かっこいいね。
- キミって美人だよね。

相対評価よりも、「純粋にそう思っている」という絶対評価のほうがインパクト大。

結果評価

結果のみを評価。

[例]

- 満点とってすごい！
- オーディション通過したなんてさすがです。

プロセス評価

途中過程や変化を評価。

[例]

- 勉強頑張ってたもんね！
- 努力の成果が目に見えてきてるじゃない！

結果評価よりプロセス評価のほうが、気にかけてくれていたことが感じられ、よりうれしい。

効果的なほめポイント

▶新しい一面をほめる

人は、自覚していないところをほめられたとき、より深い喜びを感じる。

▶人格より行動をほめる

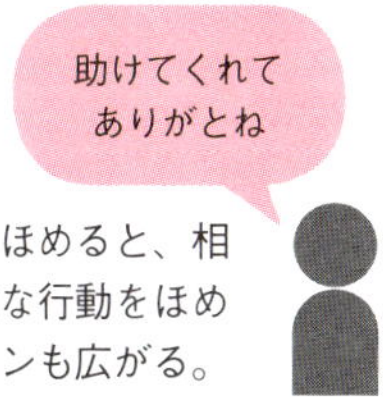
助けてくれて
ありがとね

「やさしいね」と人格を繰り返しほめると、相手の重荷になることも。具体的な行動をほめれば、ほめ言葉のバリエーションも広がる。

特に人は、**「変化の度合い」に強く反応する**傾向があり、以前よりも評価がよくなることに大きな喜びをおぼえます。これを心理学では「**ゲイン・ロス効果**※」と言います。

ほめ方も、一歩間違えると相手の気分を害する結果になります。たとえば、「Aさんより美人だね」と相対評価で外見をほめられるのは、あまりいい気がしません。また、ほめ方がワンパターンではうんざりされることも。ほめ上手になるには、状況に合ったほめ方が大切です。

もっと！他人の心理学

「伝聞ほめ」も喜び度数が高い

「○○さんがあなたをほめてたよ」など、伝聞の形で伝えられるほめ言葉もうれしいものです。本人から直接言われるよりも信頼性が増し、「お世辞」や「おだて」ではないと思えます。

※WORD ゲイン・ロス効果…人は「総量」よりも「変化の度合い」に大きく反応するということ。たとえば、よい評価をされ続けるよりも、悪い評価からよい評価に変わったときのほうが、喜びは大きくなる。

好き・嫌い

04 嫌いな相手は自分自身!?

相手に反応してしまうのには理由がある

おさえつけている自分を意識してしまう

大多数から嫌われているような人でもないのに、「見ていてなんだかムカムカする…」と感じる相手は誰にでもいるでしょう。その理由を、心理学的にひも解いてみましょう。

心理学には、誰かに対して嫌悪感を感じるのは、**相手の行動や性格に自分の「シャドウ」※（嫌な部分）を感じとり、過剰反応している**からだという説があります。

「シャドウ」とは、心理学者ユングが提唱した概念。ユングは、**人前で見せている自分を「ペルソナ」※、自分の心の奥底にあるもうひとつの自分を「シャドウ」**と名づけました。

シャドウはたいてい自分の負の部分であり、ふだんは意識されません。

WORD シャドウ／ペルソナ…ユングが提唱した概念。「シャドウ」とは、心の奥にある自分の「影」の部分。「ペルソナ」とは、もともと「仮面」の意味で、人前で見せている自分のこと。

「嫌い」の裏側にあるものは？

「嫌い」「なんかイヤ」という感情の裏には、おさえつけている自分がいることも。「嫌い」という不快な感情とつきあうヒントを探ってみましょう。

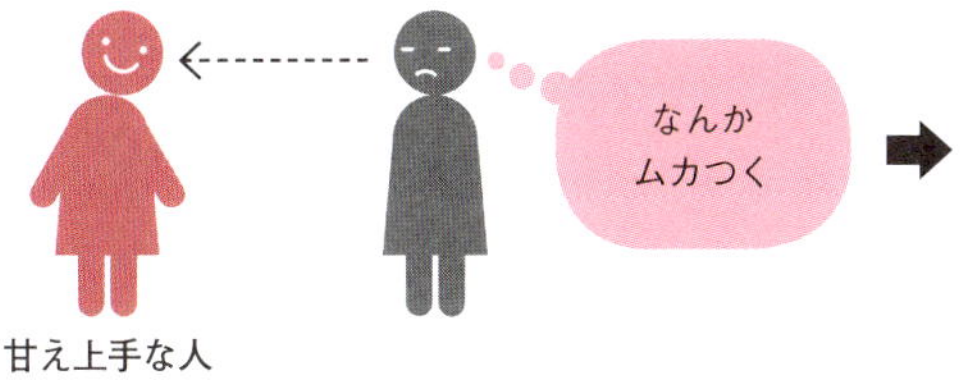
なんか
ムカつく
甘え上手な人

無意識の中
「甘えたい自分」がいる

甘えたい自分を否定して無意識に追いやり、甘えることを我慢しているのかも。

嫌いな人にどう対処する?

●あえて話しかけてみる
アメリカで行われた調査によると、苦手な相手に対して自分から話しかけることで、関係改善に効果があったそう。

●相手に質問をしてみる
質問されることで相手も「頼られている」と感じ、悪い気はしないもの。

●人間関係のひとつと割り切る
仕事や目的を成功させるためにドライに接するのもひとつの手。

●相手をほめてみる
よいところを探してほめると、相手からも好意が返ってきやすい。相手のよいところを探そうとする人ほど、相手との関係がよくなったというデータも。

意志が強くて
頼もしいです！
（頭がかたいけど）

たとえば、甘え上手な人に対して「なんかムカつく」と感じる場合、それは自分自身が無意識にまわりに対して甘えることを我慢しているからかもしれません。心の奥底にある「甘えたい自分」を意識させられるため、イライラしてしまうのです。つまり、**「なんかムカつく」相手は自分と似ている部分をもっている**可能性があるということです。

相手に対して「なんかムカつく」理由を考えてみると、自分自身を見直すきっかけになるかもしれません。

関連トリビア

「生理的に」嫌う女たち

多くの女性は男性に清潔感を求めます。そのため、不潔、服装や食べ方が汚いなど、見た目の印象で「生理的にNG！」と決めつけてしまうことも多いもの。女性は男性に比べて感情的になりやすく、一度拒否するとなかなか気持ちを変えません。

「好き」にまつわる心理学

心理学では、「好意」について多くの研究がなされています。
これまでに挙げたもの以外にも、次のような説があります。

1 「よく会う人」を好きになる？

同じクラスの人、同じ部署の人など、よく会う人に対して、私たちは好意をもちやすくなっています。慣れない相手には無意識に警戒心を抱きますが、会う回数が増えるにつれ、警戒心が薄れ、親近感をもつようになるためです。リラックスして会える相手には自然と好意が芽ばえるものです。

キーワード

単純接触の原理

同じ人と何度も会ううちに、その人に対して好意的になること。

こんにちは
こんにちは

「人」以外に対しても同じこと

「よく会う相手に好意をもつ」という心理は、人に対してだけでなく、その他のさまざまな物事にも当てはまります。何度も同じCMを見ることで、そのCMや商品に好感をもったり、何度も同じ歌を聴くことで、嫌いだった歌が耳になじんだりすることも。「好き」という感情には、親近感が深く関わっています。

新発売!
Beer

2 「似ている人」を好きになる？

人と人が親しくなるうえでは、「類似性」が重要です。類似性とは「似ている」こと。自分に似た相手に対しては親近感がわくため、好意をもちやすいことがわかっています。

どこか似ている部分があれば、会話も弾みやすく、相手のことも理解しやすくなります。84ページのように、「共通の敵」がいることで仲よくなれるのも、自分と同じ考えを共感しあえるからこそ。

キーワード
類似性の原理

自分と似ている部分をもつ相手に対して好意をもつこと。

考え方や趣味嗜好が似ている

人は、考え方や趣味嗜好が似た相手を無意識に高く評価し、魅力的に思うことがわかっています。

お寺めぐりは楽しいよね
うんうん！

顔立ちが似ている

目や鼻などの顔のパーツや、全体的な顔立ちが似ている人には親近感を強く抱きます。ひと目惚れが起こりやすいのは、顔立ちが似た相手に対してだという説もあります。

長いつきあいでは「正反対」の要素も大切！

人と人が親しくなるには「類似性」が重要ですが、つきあいが長くなってくるにつれ「相補《そうほ》性」も重要になってきます。相補性とは、正反対であること。

特に夫婦やカップルにとっては、互いに異なる部分があることは非常に重要です。几帳面な人とおおらかな人がいっしょにいると、ときにぶつかることもあるかもしれません。しかし、共同生活や共同作業をするうえでは、足りない部分を補いあえるため、バランスのとれたふたりになることができるのです。

3 「悩み」を知ると好きになる？

相手を知ることは安心感につながります。相手の経験や内面などを知り、深い部分に関わるほど、互いに親近感が強まることがわかっています。

また、相手の悩みや秘密を聞くと、自分のほうも悩みや経験も打ち明けるようになることが多いもの。互いに心を開きあうことで、どんどん深い仲になっていきます。

キーワード
自己開示

自分の経験や内面について相手に伝えること。自己開示をすると、互いに親近感が強まる。

私、実は彼氏と
うまくいってなくて…
そうなんだ…
実は私も…

自分の話を聞いてもらい、受け入れてもらえるのはうれしいこと。

深い話をしてもらえるのは信頼されている証拠。悪い気はしない。

自己開示にも「マナー」あり！

自己開示は、「関係を深める」段階で行うもの。
やり方次第ではかえって相手との距離が離れてしまうので注意が必要です。

●「いきなり」はNG！
出会って早々、自分の悩みや弱みを語られても、拒否感を抱かれるだけ。関係の初期段階では、共通点を見つけたり会話を重ねたりして、まず信頼関係を築くことが大切。

●「自己満足」はNG！
「自分の内面について話す」とはいえ、一方的な「自分語り」は敬遠される可能性大。悩みの相談という形であれば、自己満足な印象をもたれることは少ない。

4 「助けた人」を好きになる？

面倒なお願いを聞いてあげたり、助けてあげたりした相手に対して、私たちは好意を抱きやすいことがわかっています。なぜなら、「好きでもない相手を助けた」と思うと、「助けた」という行動と、「好きでもない」という気持ちが矛盾し、不快な状態になってしまうため。「好きだから助けた」と思えば、矛盾が生じることなく納得することができます。人は相手にした行動に合わせて、気持ちを変化させることがあるのです。

キーワード
認知的不協和理論

何か行動したときに生じる気持ちの矛盾を解消するために、考え方や行動を変えること。

忘年会の幹事、いっしょにやってくれない？
いいよ
好きな人だから助けてあげた
行動と気持ちが矛盾しないため、不快な思いをせずにすむ。

ちょっとだけの「負担」が効く！

社会的交換理論（▶P82）で述べたように、基本的に人間関係はギブ＆テイクで成り立っています。そのため、あまりに大きな負担を相手に強いると、さすがに煙たがられます。相手との距離を縮めるには、ときどき「ささいなお願い」をしてみるのが効果的。また、助けてもらったら感謝の気持ちをきちんと表現することが大切です。

助けてくれてありがとう

5 「ドキドキ」すると好きになる？

恋愛の「好き」には「ドキドキ」がつきもの。通常は「恋をしているからドキドキする」と思われがちですが、実はその逆もあります。つまり、ドキドキする状況を誰かと共有すると、そのドキドキを相手への好意や恋愛感情だと思い込んでしまうことがあるということ。

人はときに物事の原因を誤って判断します。生理的なドキドキ感が、恋のきっかけになることは少なくありません。

キーワード

錯《さく》誤《ご》帰《き》属《ぞく》

物事の原因を誤って判断してしまうこと。

恐怖や緊張による「ドキドキ」

↓

いっしょにいる相手への「ドキドキ」と勘違い

こんな「ドキドキ体験」はいかが？

気になる相手とドキドキ体験を共有すると、仲が深まりやすいもの。
次のようなシチュエーションが、恋のきっかけをつくってくれるかも。

● スリルのある体験をする
ホラー映画を観る、アミューズメントスポットに行くなどすれば、スリルによるドキドキ感が生まれやすい。

● 体を動かす
スポーツなどの運動は心拍数を上げてくれる。気持ちもさわやかになる。

● お酒を飲む
お酒を飲めば血流がよくなり、ドキドキする。理性がゆるむので深い話もしやすい。

● 相手の左側に立つ
心臓がある左側に立つだけでも、相手は生理的にドキドキするかも。

6 「釣りあう人」を好きになる？

パートナーを選ぶとき、誰でも自分に「ふさわしい」相手を無意識に選んでいます。あまりに魅力的な相手といっしょにいると、引け目を感じて居心地が悪くなってしまいますし、あまり魅力的に思えない相手では物足りなさを感じます。自分の魅力度（つまり自己評価）と、相手の魅力度が「釣りあっている」と感じられれば、居心地よく、刺激を与えあう関係を築きやすくなります。

キーワード
自己評価

自分に対する評価。自己評価の高低は、対人関係に大きな影響を及ぼす。

どうせ
私なんて…
オレには
物足りない
自己評価に対して相手の魅力度が高すぎると、拒否したくなる。
自己評価に対して相手の魅力度が低いと、物足りない。

自己評価が低いと「恋愛トラブル」を抱えやすい！

恋愛傾向には、その人の性格や心理状態が強く影響しています。
たとえば自己評価が低い人は、次のような状態に陥りやすくなります。

ダメ男にハマる
「私みたいな人間には、彼くらいがちょうどいい」と、ダメ男といることに安らぎや存在意義を感じやすい。

たやすく恋に落ちる
自己評価が低いと、周囲に対する評価が相対的に高まる。そのため、たやすく恋に落ちたり、恋愛依存に陥ったりしやすい。

恋愛ができない
あまりに自己評価が低く、「どうせ自分なんて…」という気持ちが強すぎると、恋愛から遠ざかってしまうことも。

05 第一印象が明暗を分ける

最初の印象は、後々まで強く影響する

固まった印象はなかなか変えられない

学校でも職場でも、よい人間関係を築くためには、はじめて会う場面での印象が重要です。

基本的に、**人は最初に与えられた印象に強く影響される**傾向があり、これを「**初頭効果**※」と言います。第一印象のインパクトは強く、その人のイメージを後々まで左右します。「**スリーセット理論**※」では、相手に対する印象は、第一印象をベースとして3回会うあいだに決まるとされています。**相手に何らかの印象を抱くと、それをふまえて相手を見るようになるため、印象が固定化しやすくなります**。一度固定化した印象は、そう簡単にはくつがえりません。

印象は、相互作用によってつくら

WORD 初頭効果…複数の情報に基づいて、相手に対する態度や印象を形成するときに、最初に提示された情報が特に強く影響すること。これに対し、最後の情報が強く影響する「新近効果」もある。

印象がつくられるまで

第一印象は非常に大切です。ここでは「スリーセット理論」をベースに、印象が固定化されるまでのプロセスを見てみましょう。

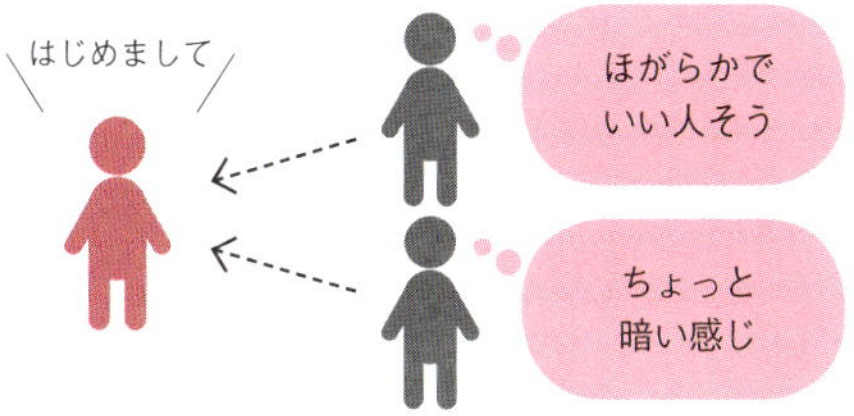
はじめまして
ほがらかで
いい人そう
ちょっと
暗い感じ

1 第一印象を形成

外見、しぐさ、表情、話す内容などから、まず第一印象が決まる。

2 印象を再判定

次に会ったときに、印象を再判定。ただし、第一印象というフィルターを通して相手を見ている。

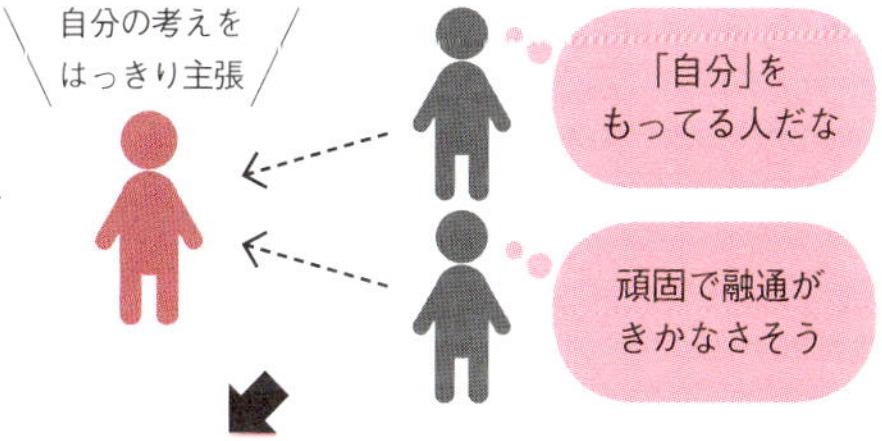
自分の考えを
はっきり主張
「自分」を
もってる人だな
頑固で融通が
きかなさそう

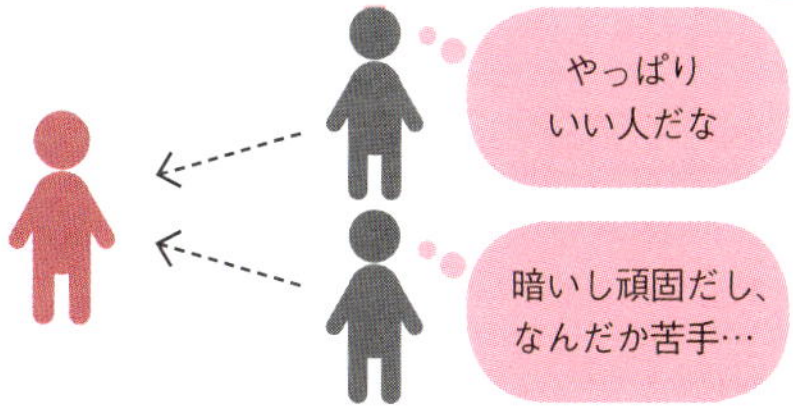
やっぱり
いい人だな
暗いし頑固だし、
なんだか苦手…

3 印象を確認

これまでの印象を確認し、固定化する。以後、印象をくつがえすのは難しくなる。

れるものです。たとえば、相手に対して「いい人そうだ」という好印象を抱けば、相手に対する警戒心が薄れ、リラックスして接することができます。すると、相手もあなたに対して好印象を抱き、よい反応を返すでしょう。結果的に、相手を「やっぱりいい人」だと認識します。

つまり、どちらかが近寄りがたい外見をしていたり、よくない態度をとったりすると、互いに「よい印象」をもちづらくなると言えます。

もっと！ 他人の心理学

ギャップで挽回できることも

冷たい人かと思ったら困ったときに助けてくれた。そんなギャップで印象がガラッと変わることもあります。ゲイン・ロス効果（▼P87）により、もともと好印象だった場合よりも相手を高く評価することがわかっています。

WORD スリーセット理論…人の印象や評価は、初対面から３回目に会うまでのうちに、ほぼ固定化されるという理論。その後の情報は、すでに形成された印象をベースに受けとられてしまう。

06 「あたたかい人」は高評価

全体の印象を大きく左右するポイントがある

「冷たい人」という印象はいつまでもつきまとう

「あの人は頭がいいし、努力家だし、仕事もできるけど、ちょっと冷たいんだよね」。出会う前にこのように紹介されると、その人に対してあまりよい印象をもてないものです。

よい特性を並べていても、その中にたったひと言「**冷たい**」という言葉があるだけで、印象が大きくマイナスに傾きます。このように、**印象を決定づけるような強い特性**のことを「**中心的特性**※」と言います。特に**「あたたかい人」か「冷たい人」かという点は重要視され**、その影響は後々にわたって長く持続することがわかっています。

ですから、初対面で好印象をもたれ、信頼を得るには、**あたたかそう**

WORD 中心的特性…「あたたかい」「冷たい」など、印象形成において全体の印象を大きく左右する特性。

ココロファイル 5

印象を左右する重大ポイント

実験 心理学者アッシュは、集団を２つのグループに分け、ある人物の特徴を読み聞かせ、印象を判断させた。その際、グループによって「あたたかい」という単語を入れるか、「冷たい」という単語を入れるか、という違いをつけた。

結果 「あたたかい」か「冷たい」か、という部分以外は同じ性格特性を聞かせたが、グループによってその人物に対する印象は大きく変わった。

この人物は…知的で、器用で、勤勉で、あたたかく、決断力があり、実際的で、用心深い人です。 ➡ その人物に対して**好印象**をもった。

この人物は…知的で、器用で、勤勉で、冷たく、決断力があり、実際的で、用心深い人です。 ➡ その人物に対して**悪印象**をもった。

印象を形成していくときには、重要視される情報がある。特に、「あたたかい」か「冷たい」かは、印象形成の「核」となり、全体の印象のよしあしに大きく関わってくる！

な人柄をアピールすることが大切です。「動物が大好き」「家族を大事にしている」など、あたたかいイメージを連想させられると、その人のことを悪くは思えないものです。

　このほか、私たちは「名前が似ている」「出身地が同じ」など、**ささいな共通点があるだけで、相手を好意的に評価する**ところもあります。相手と打ち解けるには、ちょっとしたことでも共通点を見つけることが近道だと言えます。

もっと！ 他人の心理学

似た名前の人は他人に思えない

同じ名前、似ている名前の人に親近感をおぼえることを「ネーム・レター効果」と言います。たとえば、川島さんは川上さんに出会うと無意識によい印象を抱きます。誰でも自分の名前に含まれる文字が好きなのです。

好き・嫌い

07

「弾む会話」で好きになる

会話を弾ませるポイントとは?

歓迎会で
藤原さん 休みの日は 何してるんですか?
本を読みます 小説とか
どんなの 読むんですか?
ミステリーとか… 結末が気になって 止まんないんですよね
私もミステリーなら よく読みますよ! 宮部さゆきとか
いいですよね! この前出た最新作が またおもしろいんですよ!
話しやすい
あれは どうですか?
私の感想は…

相手とテンポを合わせ質問で会話を広げる

楽しく話ができる相手に、私たちは好意をもちます。会話を積み重ねることは、より親しい関係になるために欠かせません。

会話を弾ませるには、まず**話すリズムやペースを相手に合わせること**が大切です。アメリカで行われた実験でも、**相手とテンポが同調しているとき、互いに快感や一体感を感じる**ことがわかっています。**相手のしぐさを真似る**「ミラーリング※」も、親しみをもってもらうのに効果的。

また、会話を広げる質問力も、会話を弾ませるには重要です。相手から何かを聞かれたり、自分が何か発言したりしたら、それとセットで質問するようにすれば、会話が自然に

WORD ミラーリング…相手のしぐさや行動を真似ること。人は自分と似ている人に親しみをもつため、ミラーリングをすると好意を得やすいことがわかっている。「ミラー効果」などとも言う。

心地よい会話のコツ

「楽しい会話」ができる相手には、互いに好感をもちやすくなります。そのためのコツには、どのようなものがあるでしょうか。

会話のテンポを合わせる

早口の人には早口で話すなど、相手と似たテンポで話すと好印象を得られやすい。口調や話し方が合う人は好かれやすい。

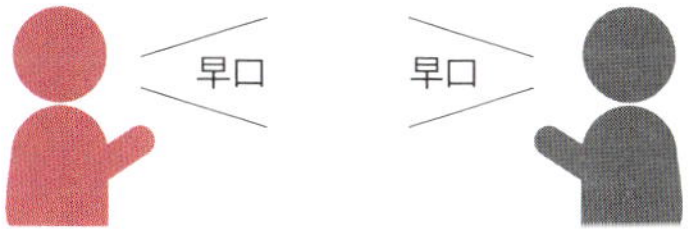
早口
早口

楽しそうに話す

会話の内容も大事だが、話すときの「態度」も重要。楽しそうに生き生きと話すことが、自身の魅力を高めてくれる。

自分ばかり喋らない

慣れない相手に対しては、焦って自分ばかりが話してしまいがち。相手に「盛りあがった」「楽しかった」と思ってもらうには、相手にたくさん話してもらうことが大切。

相手にリアクションする

まず、相づちを打つことがリアクションの基本。相手の発言を繰り返したり、まとめたりするのも「聞いている」サインとなる。プラスの反応をすることが大切。

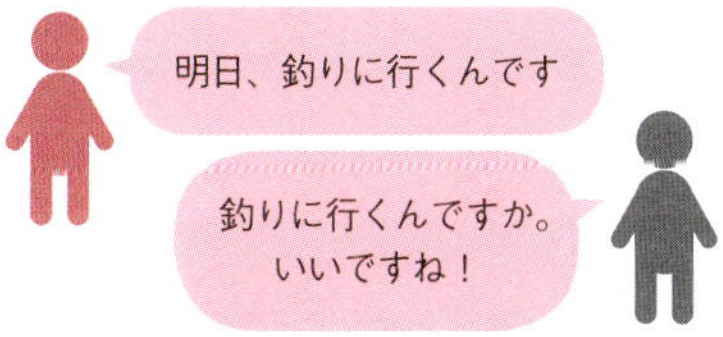
明日、釣りに行くんです
釣りに行くんですか。
いいですね！

相手に質問をする

相手が話した内容について、うまく質問できれば会話が広がる。相手が質問してきた場合は、同じ質問を聞き返そう。

質問の基本「5W1H」

What … 何を	Who … 誰が
When … いつ	Why … どうして
Where … どこで	How … どのように

広がります。たとえば「休みの日は何してるの？」という問いに答えたら、「あなたは？」と聞き返すのです。

質問が難しければ、**「ひと言をつけ加える」**だけでもよいでしょう。「元気ですか？」と聞かれたとき、「元気です。最近スポーツにハマってまして」などと言うだけで、会話が広がるきっかけになります。

つまり、**会話をするときは「ふたつ以上のセンテンスで」**。これが会話を弾ませるポイントです。

関連トリビア

話題に困ったときは

初対面の会話の鉄板ネタに、次のような話題があります。なかでも旅行の話題は盛りあがる確率が高め。話す側もプライベートなことを深く話さなくてすむうえ、たいていはポジティブな内容になるためです。

● 鉄板トピック…季節／趣味／旅行／ニュース／天気／家族／健康／仕事／衣類／食事／住まい

08 誰かといるほうが魅力的

ひとりよりふたりでいるほうが、得をする!?

「同伴者効果」で魅力度がアップする

アメリカの人類学者ギヴンズによると、人は**ひとりで行動しているときより、ふたりで行動しているときのほうが魅力的に思われる**そう。

たとえば、ひとりでレストランに行った場合、淡々と飲んだり食べたりして、ほとんど表情は動きません。しかし、友だちとふたりでいれば、当然相手と会話をすることになります。その結果、**笑ったり体を動かしたりと、全体的に表情豊か**になります。**「無表情な人」と「よく笑う人」がいたら、後者のほうを魅力的だと思うのは自然**なことです。また、友だちといっしょにいることは、社交性のアピールにもなります。

さらに、**いっしょにいる人が魅力**

ココロファイル 6

周囲の様子で魅力度は変わる

実験 イギリスの心理学者ベネディクト・ジョーンズは、次のA～Cの写真を用意し、女性を対象に「この男性をどう思いますか？」と聞いた。

A

男性がひとりで立っている

B

Aと同じ男性が、女性に笑いかけられている

C

Aと同じ男性が、無表情な女性と立っている

結果 B（男性が女性に笑いかけられている写真）を見た場合、その男性は最も魅力的であると判断された。

Aよりも15%、Cよりも25%魅力度が高い

B

女性から笑いかけられるBの写真は、ある意味「モテている」印象につながる。魅力度が高くなったのは、そのためだと考えられた。

的な場合、自分も自然と魅力的に思われやすくなります。たとえば、美人で魅力的な人といっしょにいると、「自分は引き立て役になってしまうのでは？」と思うかもしれません。しかし、実際は自分自身の評価を引きあげてくれることがわかっています。心理学ではこれを「**同伴者効果**」※と言います。

「類は友をよぶ」ということわざがあるように、「人は同レベルの人同士でつきあうだろう」という意識を誰もがもっているのです。

もっと！ 他人の心理学

体型についても同伴者効果

同伴者効果は、もちろん体型についても言えます。太っている同性といっしょにいるより、やせている同性といるほうが、周囲から「やせている」というイメージを抱かれやすくなります。

※WORD 同伴者効果…いっしょにいる人が魅力的であるほど、自身の評価も高まること。

09 気分次第で評価が変わる⁉

物事の感じ方は、自分自身の気持ち次第

心の状態によって受け止め方が変わる

相手に対してどのような気持ちを抱くかは、本人の心模様が深く関わっています。**よい気分のときに会った人には好意的な感情を抱きやすく、不快な気分のときに会った人にはイライラしてしまいやすい**のです。

なぜなら、**人は無意識に自分の感情と一致した情報ばかりを集めようとするため**。これを「**感情一致効果**」※と言います。たとえば、何かに傷ついたり心配事があったりして気持ちがマイナスに傾いていると、周囲のこともマイナスに受け止めやすくなります。特に、ふだんは気にならないようなことが目につくようなら、自分自身に何らかの要因がある可能性が高いでしょう。

※WORD 感情一致効果…人は、無意識に自分の感情と「一致」した情報ばかりを集めようとすること。

ココロファイル 7

天気だって重要である！

調査 心理学者シュワルツとクロアは、電話調査によって被験者に「生活満足度」を尋ねた。調査は、晴れている日と雨の日に行った。

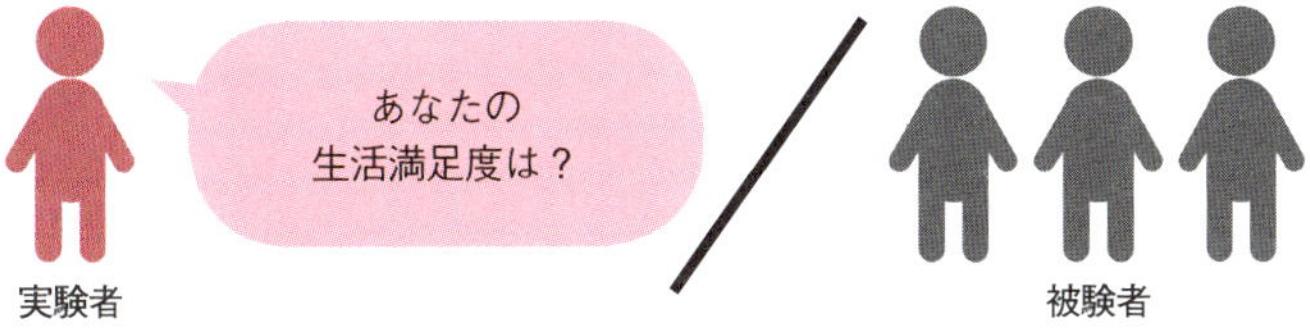
あなたの
生活満足度は？
実験者
被験者

結果 晴れている日のほうが、被験者が答える生活満足度は高くなった。

晴れている日
生活には
満足しています
雨の日
そうですね…
少し不満も
感じますね
満足度 高
満足度 低

ただし、実験者が天気の話題についてふれたうえで生活満足度を尋ねた場合は、両者にほとんど差がなかったこともわかっている。

晴れた日は気分がよくなるもの。その気分が、生活満足度に影響したと考えられる！

逆に言うと、**相手から好印象・好評価を得たいときは、相手が快適でいられる空間を用意する**のもひとつの方法です。適切な室温、座り心地のよいイスなど、ささいな環境で評価が変わってくるかもしれません。

また、**あなた自身が周囲に対してイライラするときは、少し冷静になって自分を見つめ直すことも大切**です。気持ちを切り替えて接してみると、相手を前向きに受け止められるようになることも多いものです。

こんなときに！心理術

人に会う前は気分を上げて

誰かに会う前などは、自分なりに気分が上がることをしておけば、感情一致効果によって相手をよりよく受け止めることができます。あなたの態度は自然と好意的になるため、相手もよい反応を返してくれるはず。

⑩ レッテルを貼りたがる

思い込みで相手を決めつけたがる

勝手な決めつけは労力を惜しむため?

「あの人は看護師だからやさしい人に違いない」「○○くんはAB型だから変わってるよね」など、私たちは「こんな人はこう（であるはず）」と思い込み、ついつい他人にレッテルを貼ってしまいます。

このように、**学歴、職業、出身地、血液型などのカテゴリによって固定化したイメージ**を「ステレオタイプ※」と言います。出会った相手を正しく判断するのは非常に労力がかかりますが、**物事を単純に、自分にわかりやすいようにとらえれば、その労力を減らすことができます**。こうした心の働きが、ステレオタイプ的な発想を生む要因のひとつです。

特に、**相手に対してあまり興味が**

WORD ステレオタイプ…固定化したイメージ。型にはまった行動や考え方のパターン。たとえば、「男なら泣くな」「女性はおしとやかに」など、性別による役割のステレオタイプなどがある。

レッテルはなかなかはがれない

人と知り合うとき、まずは簡単な属性情報から人物像をつかみます。
こうした発想は、相手を勝手に決めつけてしまう危険もはらんでいます。

ステレオタイプ的発想

- 男性は体力がある。
- A型の人は几帳面だ。
- 高学歴の人は仕事ができる。
- 南国出身者はおおらかだ。
- 警察官はまじめだ。
- スポーツ好きは外向的。

……

学歴、職業、出身地、血液型などのカテゴリによって、固定化したイメージ

判断にかかる労力を省エネしたい

私たちは物事を判断するとき、無意識に労力を節約しようとする。そのため、ステレオタイプで人を決めつけやすい。

「当てはまる例」ばかりに注目

ステレオタイプに当てはまる例ばかりに目がいき、つい「やっぱりそうだ」と納得してしまう。

なかなか「偏見」をぬぐえない

ステレオタイプに当てはまらない例に出会っても、例外的なものとしてとらえやすく、印象はなかなかくつがえらない。

ない場合、この傾向が強くなり、相手がどのような属性をもっているかによって、勝手に相手を理解した気になってしまいます。判断にあたっては、**自分と同じ属性をもつ人に無意識に好意的になる**ことも。

私たちの心は、できるだけ「省エネ」して物事を判断しようとします。しかし、ステレオタイプ的発想は差別や偏見をまねく原因にもなりかねません。先入観にとらわれて相手を誤解してしまわないよう、十分注意したいものです。

もっと！ 他人の心理学

さまざまな人と接すること

ステレオタイプ的な見方をしないためには、自分とは異なる人とも積極的に関わることが大切。そうすれば、必ずステレオタイプ的な考えを払拭してくれる人に出会えるはずです。

好き・嫌い

⑪ 誰でも自分に甘くなる!?

他人の失敗には厳しい反応をしがち

都合のよい解釈で自分を守ろうとする

他人にやさしく、自分に厳しい人でありたいと考える人は少なくないでしょう。しかし実際のところ、**私たちはついつい他人に厳しくなってしまう**傾向があります。

たとえば、打ち合わせに同僚が遅刻してきたとき、「時間にルーズな人だ」「のんびり屋さんだ」「誠実さが足りない」などと、**相手の性格や能力を否定してしまう**ことがよくあります。実際は、やむにやまれぬ事情があったかもしれないのに、その可能性には目を向けづらいもの。

それなのに、自分が遅刻したときは、「仕事が忙しくて疲れがたまっていて…」などと、**その原因を自分以外に求めようとしがち**。

ココロファイル 8

他人の行動は「性格」によるもの

実験 心理学者ジョーンズは、次のような実験を行った。

1 被験者に「いまから学生たちに、妊娠中絶を擁護《ようご》している論文を書き写す作業をやらせてください」と指示した。

▼

2 被験者から指示された学生たちは論文を書き写す。

▼

3 書き写し終わったあと、被験者に「この学生は、妊娠中絶を擁護していると思いますか？」と尋ねた。

結果 被験者たちは、自分が論文を書かせたという「原因」や「状況」がはっきりわかっているにもかかわらず、「学生は、妊娠中絶を擁護していると思う」と答える人が多かった。

私たちは、他人の行動をたやすく「性格」のせいにしてしまう。たとえそれが強制的にやらされていたとしても、「本人が望んでやっている」と思い込んでしまう！

つまり私たちは、**自分が失敗した場合は何らかの事情があったからだと思いやすいのに対し、他人が失敗した場合はその人自身に原因があると考えてしまうところがあります。**このような思い込みを「**行為者–観察者バイアス**」※とよびます。

こうした思考が強すぎると、周囲に身勝手な印象をもたれることにつながります。人間関係を円滑にするには、**相手の状況や立場をイメージして思いやる姿勢**も大切です。

もっと！ 他人の心理学

反省ばかりもストレスになる

失敗したとき、その原因を「自分自身」に求めることは成長に欠かせません。自分を振り返り、反省することで、前進することができます。しかし、そればかりではストレスをためやすいこともわかっています（▼P181）。何事もバランスが大事です。

WORD 行為者–観察者バイアス…同じ行動であっても、他人の場合はその行動の原因が性格や能力にあると思うのに対し、自分の場合は状況や運（自分以外の問題）にあると考える傾向。

ココロは勝手に思い込む

人は「自分」というフィルターを通して物事を見ています。そのため、ときに勝手な思い込みをしてしまうことも。ここでは、誰にでもあるささいな思い込みを紹介しましょう。

思い込み 1 相手は自分が言ったことを理解してくれている！

心理学者キーザーは、被験者を「話し手」「聞き手」に分け、話し手が聞き手に対して文章を読み伝える実験を行いました。その後、話し手に対しては「聞き手はどのくらい理解できたと思うか」を聞き、聞き手に対しては「どのくらい理解できたか」を聞きました。すると、聞き手側は「61％理解できた」と答えたのに対し、話し手側は「72％理解してもらえた」と思ったそう。実は自分が思うほど、相手には伝わっていないものなのです。

ちゃんと伝えたでしょ！
あ、ゴメン

思い込み 2 自分は「平均以上」の能力をもっている！

アメリカの高校生を対象に、「あなたのリーダーシップ能力は？」と尋ねたところ、「平均以上」だと答える人が7割以上もいたそうです。人は一般常識、社会性、人望など、あらゆる面で、「自分は平均以上の能力をもっている」と思いたがる傾向があるようです。

平均以下
平均以上

思い込み 3 自分のほうがまわりよりも頑張っている！

オレはこんなに
頑張ってんのに
何言ってんの？
私のほうが
頑張ってるでしょ！

心理学者ロスが夫婦を対象に行った「家事貢献度」に関する調査では、多くの人が「相手より自分のほうがよくやっている」と感じていることがわかったそうです。誰でも「他人がしたこと」よりも「自分がしたこと」をよく覚えているもの。私たちは、何においても自分の貢献度をつい高く見積もってしまいます。別の調査では、人は「自分がされた親切」よりも「自分がしてあげた親切」を多く記憶しているというデータもあります。

知らないうちに思い込まされている!?

心理学者リヒテンシュタインは、被験者をA、Bの２つのグループに分け、それぞれ右のような質問をしました。すると、BよりもAグループのほうが、その数を多く見積もったそうです。つまり、前情報として与えられた数字が基準となり、判断に影響したということ。日常生活では、知らず知らずのうちに「思い込み」が起きていることはよくあるものです。

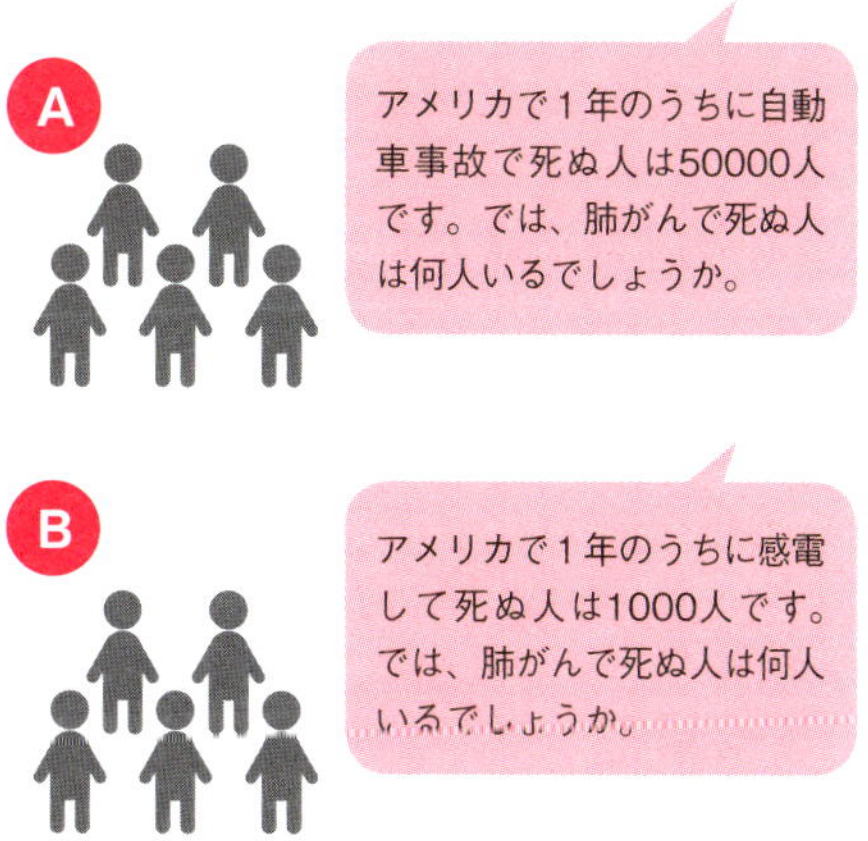
A
アメリカで１年のうちに自動車事故で死ぬ人は50000人です。では、肺がんで死ぬ人は何人いるでしょうか。
B
アメリカで１年のうちに感電して死ぬ人は1000人です。では、肺がんで死ぬ人は何人いるでしょうか。

ココロがわかる！　心理テスト 3

天国か地獄か

Q あなたのもとに突然、謎のお告げをする者が現れました。あなたはその者が言うことに従わなくてはなりません。あなたはどうしますか？

お告げ

いまからあなたにサイコロをふってもらいます。偶数が出たら、今日1日天国で過ごせます。そこは、あなたの想像するあらゆる快楽や幸せを好きなだけ味わえる場所です。しかし、もし奇数が出たら、今日は地獄で過ごしてもらいます。そこにはあらゆる苦痛や不幸が待っています。ただし、どちらにしても今日1日だけ。明日からはもとどおりの生活です。地獄でケガをしたとしても、そのケガももとどおりです。あなたはサイコロをふりますか？

もしもサイコロをふりたくないのなら、偶数が出る確率（天国に行ける確率）を上げることもできます。ただし、「その確率なら勝負してもいい」と思えるギリギリのラインまでです。通常ならば、天国50%、地獄50%。さあ、どの確率ならば勝負できますか？

解説➡P186

PART

4

会話でココロが見えてくる

互いを知り、人間関係をつくるための大事なツールが「会話」です。
自慢話をしたがる人もいれば、謝ってばかりの人もいるように、
会話には「その人らしさ」が如実に表れています。

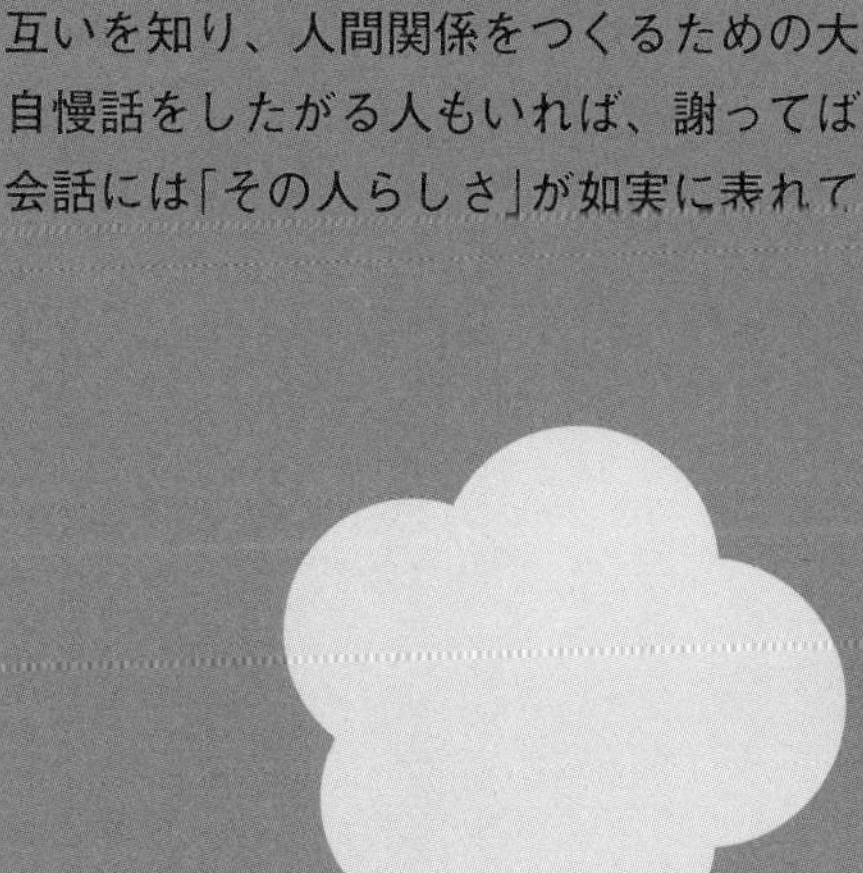

会話

01 相手に合わせて発言する

「人からどう見られるか」を大事にする人

周囲との関係を重視？ それとも自分の内面？

誰かとコミュニケーションをとるとき、**そのときの状況や、周囲の人との関係をどのくらい意識してふるまうか**。これを「セルフモニタリング能力」※と言います。

空気を読んで話を合わせるのがうまく、いっしょにいる人を楽しませようとするサービス精神の持ち主は、セルフモニタリング能力が高い人です。**相手の目にうつる自分を意識し**ているため、相手が自分にどんなことを期待しているのかをすばやく理解し、それに合わせた言動をとることができます。

逆に、**個性的でわが道を行くタイプは、セルフモニタリング能力が低い人**です。周囲や相手のことをあま

WORD セルフモニタリング能力…自分の行動や感情表現を客観的に観察し、調整する能力。明確な個人差がある。心理学者スナイダーが提唱。

行動基準はどこにある？

セルフモニタリング能力の度合いは、さまざまな場面で表れます。
行動基準が「周囲」にあるか「自分」にあるかは、人柄に強く影響します。

まわりに
合わせるのが
得意です

セルフモニタリング能力が高いタイプ

行動したり判断を下したりするとき、「人からどう思われるか」を重視する。

主な特徴

- 相手に合わせて臨機応変に対応できる。
- 場を和ますサービス精神がある。
- ファッションを強く意識する。
- 友だちが多く社交的。
- パートナー選びでは外見や地位を重視。

こんな欠点も　度が過ぎると「八方美人」だと言われ、信頼を失いやすい。また、周囲を気にしすぎて神経質になってしまうことも。

自分を貫きたい
タイプです

セルフモニタリング能力が低いタイプ

行動したり判断を下したりするとき、「自分がどう感じるか」を重視する。

主な特徴

- 周囲に流されず、個性的。
- 言動に一貫性があるので信頼感がある。
- ファッションにはあまりこだわらない。
- 単独で行動することが多い。
- パートナー選びは性格重視。

こんな欠点も　まわりに合わせる意識が低いため、「空気が読めない」「融通がきかない」などと思われてしまうことも。

り意識せず、**自分の内面を基準に行動**します。「自分がどう感じるか」を大切にしているので、その場に合わせて意見を変えることはなく、行動や考えに一貫性があります。

もちろん、どちらのタイプがよいということではなく、どちらにも長所があり、それを裏返せば短所になります。心理学者スナイダーによると、**日本人はセルフモニタリング能力が高い傾向があるそうです**。

もっと！ 他人の心理学

空気の読みすぎは成功を遠ざける！

アメリカの心理学者バーデンによると、他人の目を気にする人ほど、他人の思いどおりにあしらわれてしまう傾向があるそうです。空気を読むことも大切ですが、自分にとって大事な場面では自分の道を貫く姿勢も必要。周囲を気にしすぎると、成功者やリーダーにはなりにくくなります。

会話

02

好かれるためにゴマをする

好意を得るための一種のテクニック

よい印象を与えるために自分を演出する

人は相手に好かれるため、ときに自分をとりつくろいます。たとえば、上司にお世辞を言ってゴマをする部下。相手をほめて気持ちよくさせることで、自分の印象や評価を高めようとしています。**「相手に好かれたい」「こんなふうに思われたい」という気持ちから自分を演出すること**を「※**自己呈示《ていじ》**」と言います。

ゴマをするのは簡単なことではありません。見当はずれのことを言っては逆効果ですし、あからさまなウソでは信用すら失います。ゴマすり上手はほめ上手。**相手のよいところを見つける観察眼や、それをちょうどよいタイミングで言葉にする能力が高い**と言えます。

↘をするなど、不利な状況で身を守ろうとする自己呈示（防衛的自己呈示）もある。

いろいろな自己呈示

多かれ少なかれ、誰もが日常的に行っている「自己呈示」。
心理学者ジョーンズとピットマンは、自己呈示の目標を次の５つに分類しています。

1 取り入り

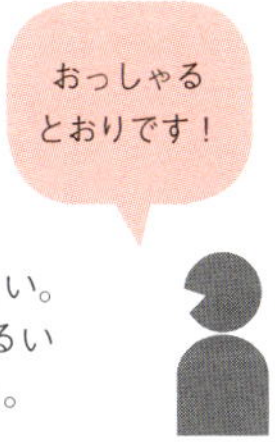
おっしゃるとおりです！

- お世辞を言う。
- 相手に同調する。など

目的 好意をもたれたい。ただし、失敗すると「ずるい人」などと思われることも。

2 自己宣伝

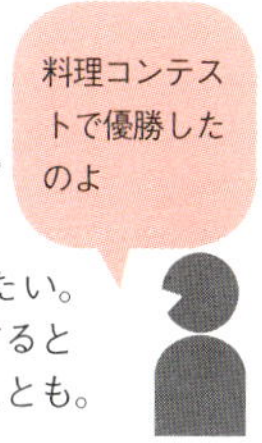
料理コンテストで優勝したのよ

- 経歴や実績をアピールする。など

目的 能力を高く評価されたい。尊敬されたい。ただし、失敗すると「うぬぼれ屋さん」と思われることも。

3 示範《しはん》

- 自分を犠牲にする。
- ボランティア活動をする。

目的 道徳的に立派な人だと思われたい。ただし、失敗すると「偽善者」などと思われることも。

4 威嚇《いかく》

- 怒鳴りつける。
- 暴力をふるう。など

目的 恐怖を与え、言うことを聞かせたい。ただし、失敗すると「うるさい人」などと思われることも。

5 哀願《あいがん》

- 自分を卑下する。
- 体調の悪さを強調する。など

目的 弱さをアピールし、援助を得たい。ただし、失敗すると「卑屈」「依存的」などと思われることも。

こんな自己呈示も

上に挙げたものは、自分にとって都合のよい印象を与えようとする「主張的自己呈示」です。一方で、悪い印象をもたれることを避けるための「防衛的自己呈示」もあります。自分の非を認めず「正当化」する、言い訳をして「弁解」する、許しを得ようと「謝罪」するなどがその例です。

自己呈示の例は、ゴマすり以外にもさまざまあります。自分を強く見せるために去勢をはったり、「私っておおらかなの」と宣言してみたり。

また、**無意識に行われる**こともあります。心理学者プリナーらの実験では、女性は女性同士で食事をしたときよりも、魅力的な男性と食事をしたときのほうが、食べる量が少なくなったそうです。この結果から、**男性に「女性らしく」思われたいために、被験者女性は無意識に食欲をおさえた**のだと結論づけられました。

もっと！ 他人の心理学

ゴマすりやお世辞をかわすには

ゴマすりやお世辞をうまくかわしたいときは、「ほめ返し」をするのが一番。ほめ上手な人は、意外とほめられ慣れていないもの。思わぬ反応にテンポが狂うかも!?

WORD 自己呈示…言葉や態度、行動によって自分を演出し、相手に与える印象をコントロールしようとすること。お世辞を言うなど、自分の立場をよくするための自己呈示（主張的自己呈示）もあれば、言い訳↗

会話

03 友人の成功にケチをつける

近しい友人なのに素直に喜べない

「うらやましい」から悪く言いたくなる

人の成功を100％喜ぶことはなかなか難しいもの。自分と比べて**嫉妬**※**し**、悪口を言ったり、アラ探しをしたりすることもあるでしょう。

順風満帆な相手を悪く言いたくなるのは、どこかで「うらやましい」気持ちがあるから。自分が望んでいることを実現している相手を前にすると、「自分は実現できていない」ことを思い知らされます。そこで、相手にケチをつけることで、**悔しい気持ちや劣等感から目をそらし、自分を納得させようとする**のです。

一方、周囲の成功や幸せを、かけ値なしに喜べる場合もあります。たとえば、幼なじみがプロ野球選手として活躍しているとします。このと

WORD 嫉妬…自分より優れた人、自分にないものをもっている人などをうらやみ、ねたむこと。また、自分が愛情をもっている相手の気持ちがほかに向くことをおそれ、怒りを感じること。

その成功、本当に喜べる？

近しい人の成功はうれしいものですが、場合によって複雑な気持ちにもなります。嫉妬心にさいなまれると、ついついその成功にケチをつけてしまうことも…。

成功している友人

一流企業A社で
課長になった

ケチをつけたくなる人

昔から上司に好かれる
タイプだったもんな

嫉妬

- 同僚など、近い立ち位置にいる人。
- 現在の仕事に不満や不安がある人。
- 相手をライバル視している場合。

嫉妬しない

素直に喜べる人

おめでとう！
スピード出世じゃん

- 相手の成功が自分とは無縁の世界のことである場合。
- 自分の仕事に満足し、自信がある人。
- 相手が家族などである場合。

むしろ自慢したくなることも。

私の友だち、A社で
課長やってるの

すご～い

相手の成功を素直に喜べるのは

- **自分とは無縁な世界での成功**
  自分の成功とは関係ない世界、自分は完全にあきらめている世界での成功ならば、喜べる。自分の目指す姿に近いとプライドが傷つき、素直に喜べない。
- **自分よりはるかに立場が下の相手**
  自分にとって「すでに通りすぎた道」であると、余裕をもって祝福できる。
- **完全な身内の成功**
  夫婦や家族などなら、素直に喜べる。

き、あなたが「野球」とは全く無縁の人生を歩んでいた場合、素直に喜ぶことができるはずです。それどころか、「あの選手、幼なじみなんだよ！」と、**自分と関わりがあることを自慢したくなる**のではないでしょうか。こうした心の働きを「**栄光浴**※」と言います。

つまり、**自分のプライドが傷つけられたりしない場合**であれば、相手の成功を素直に喜ぶことができるということです。

もっと！ 他人の心理学

嫉妬は前を向く原動力にもなる

成功者を前にすると、嫉妬心や劣等感を抱きやすいもの。しかし、嫉妬は必ずしも悪いものではありません。うらやましい気持ちを認め、自分に何が足りないのかを考えることは、前向きに行動するエネルギー源になります。

WORD 栄光浴…高い評価を得ている人や集団と、自分との関係を強調し、それによって自尊感情（▶P16）を高めたり、周囲の自分に対する評価を上げたりしようとする心の働き。

会話

04 ハードルを下げたがる

やる前から「きっとダメだ」と言いたがる

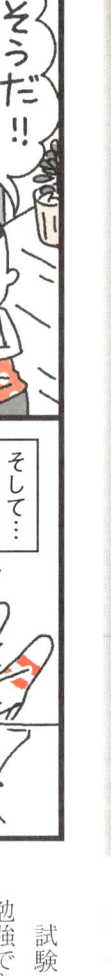

不利な条件をつくり失敗を先回り

試験の日に、「風邪をひいて全然勉強できてなくて…」と言う人。昔のテニス仲間と久々にテニスをすることになったとき、「もうしばらくラケット持ってないからなあ…」とこぼす人。このように、**何かをやる前から「きっとダメ」だと周囲に言いたがる人**がいます。

先に不利な条件をアピールしておくのは、心理的なハードルを下げるため。失敗しても「ああ、やっぱり」とショックを和らげることができますし、周囲も同情的になってくれるかもしれません。仮にうまくいったとしても、「こんな状態でうまくいくなんて!」と喜びもひとしお。まわりも驚いてくれるでしょう。

WORD セルフハンディキャッピング…失敗しても傷つかないように、自分にハンデを与えること。結果が出る前から、成功をさまたげる要因があることを人に話したり、実際に不利な状況をつくったりする。

ココロファイル 7

どこから輪を投げる?

実験 心理学者アトキンソンは、次のような実験を行った。

1 事前に心理テストによって、被験者たちを「達成欲求」が強い人と、弱い人に分ける。

▼

2 全員に輪投げをしてもらう。床には30cmから５ｍまでのラインを引いておき、好きなところから投げてもらう。

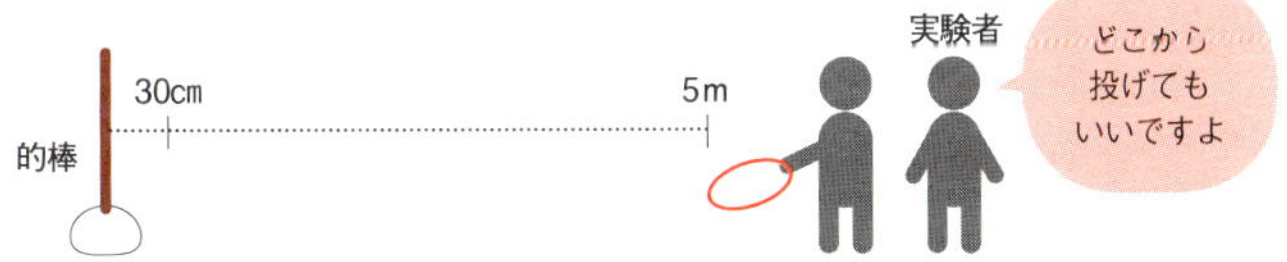

結果 達成欲求が高い人ほど「中間距離」を選んで投げ、達成欲求が低い人ほど「近距離」か「遠距離」で投げた。

達成欲求が高い人

自分にとって適切な課題（中間距離）を選ぶ。

達成欲求が低い人

絶対成功する課題（近距離）か、失敗して当たり前の課題（遠距離）を選ぶ。

達成欲求が弱いと何事にも逃げ腰になる。失敗に防御線を張ってばかりでは、成長は遠ざかる！

このように、**わざと「失敗したときの言い訳」**をつくっておくことを「セルフハンディキャッピング」と言います。**失敗しても自分は傷つかず、成功すればその価値が高まります。**試験の前日にわざわざお酒を飲んでしまう人や、「私、バカだから」などと言いたがる人も同じです。

セルフハンディキャッピングをする人は、**何かを強く成し遂げたいと思う「達成欲求」**が弱い傾向にあります。目標に堂々と立ち向かわなくては、つかめない成功もあるのです。

こんなときに！心理術

目標設定のコツ

「できなくて当たり前」の大きすぎる目標は、失敗したときの「言い訳」をつくっているのと同じ。努力すれば手が届く「半々の勝負」を取り入れることが、成長には必要です。

WORD 達成欲求…自分に適切な課題を与えて、それを実行しようとする意欲。失敗をおそれて「逃げ道」を用意するセルフハンディキャッピングは、達成欲求の低い人が行いがち。

会話

05

謝りグセがある

すぐに「すみません」と言ってしまう

謝っているのは本気かポーズか

口癖のように「すみません」を繰り返したり、ちょっとしたことでもすぐに「申し訳ありません！」と大げさに謝ったりする人がいます。

　このような謝りグセがあるのは、**気が弱く自信がないタイプ**によく見られます。**自分を否定する感情が強く**、「自分はダメな人間」だと思い込んでいるので、何をするにも「すみません」となってしまう人です。

　さらに、何でも「自分のせい」にして、責任をかぶろうとする人もいます。**罪悪感から身を守るために、「私のせいでごめんね」と、自分を罰してしまう**のです。こうした気持ちを「**自罰感情**※」と言います。

　一方で、**プライドの高さからすぐ**

WORD 自罰感情…自分で自分を罰しようとすること。不快感や不安、欲求不満、葛藤などから自分を守ろうとする心の働きのひとつ。自罰とは、「自己懲罰」の略。

すぐに謝る人

「自分が悪い」と思って謝る人もいれば、そうでない人もいます。
それぞれ度が過ぎると、人間関係がぎくしゃくしてしまうことも…。

自己否定タイプ

私なんて…
すみません…

自分を高く評価することができず、自己否定の感情が強いため、つい謝ってしまう。

改善するには…

小さな成功体験を積み重ねて、自信を育てていくことが大切。

自己懲罰タイプ

こうなったのは
自分のせいだ
すみません…

自分を罰する意識が強く、本来は自分の責任でないことまで「自分のせい」と思い、謝る。

改善するには…

問題が起きた場合、自分を責める前に原因を突き止めることが大切。他人や環境のせいにするなど逃げ道も必要。

プライドが高いタイプ

さっさと話を
終わらせたい
すみません…

自分が悪いとは思ってないが、相手の非難を避けるためにとりあえず謝って話を打ち切る。

改善するには…

実は自信のなさを抱えている場合も。たとえ非難でも相手の話を聞けるよう、本当の意味での自尊感情（▶P16）を高めることが大切。

謝る人もいます。このような人は、一見謝っているようでいて、実は自分の非を認めておらず、自分のほうが正しいと思っています。すぐに謝るのは相手の非難を聞きたくないから。**謝ることで早く話を終わらせたい**のです。

　また、やけに丁寧な謝罪をする人は、心の中に攻撃的な気持ちを隠しもっていることも。強い反発心とは真逆の反応をしてしまう、反動形成（▼P25）の心理です。

もっと！ 他人の心理学

強すぎる自己否定はストレスのもと

自己否定も自罰感情も、あまりに強いとストレスをため込むことにつながります。それがうつ病（▼P178）の引き金になることもあるので、たまには「他人のせい」にしたり、「運が悪かった」と受け止めたりして、気持ちをラクにすることも大切です。

06 ひとり言が多い

ただの「ひとり言」と病気の「ひとり言」がある

状況によっては周囲の迷惑になる

テレビを観ながら画面中の人物にツッコミを入れたり、職場で仕事の段取りなどをブツブツ口に出したり、※**「ひとり言」**が多い人がいます。

こうしたひとり言は、頭の中で考えていることが言葉として表に出たもの。**ひとり言には、実はストレスを解消したり、考えを整理したりする効果がある**とも言われており、特に悪いものではありません。

とはいえ、周囲は迷惑することもあるでしょう。特に、学校や職場など、集団で過ごす場でひとり言が多い人が近くにいては、気になってしかたがありません。

対策としては、**ひとり言を「とりあえずやめてもらう」**ことを積み重

WORD ひとり言…会話をしている相手がいないのに、言葉を口に出すこと。感情の高まりをおさえてストレスを和らげたり、考えを整理したりする効果があると言われている。

ひとり言が出やすいとき

ひとり言が出やすいシチュエーションは大きく２つあります。
ブツブツとつぶやくことには、心理的な効果も見込めます。

強い感情があるとき

わっ！
びっくりした〜

気持ちを吐き出すことで、精神的な緊張やストレス、感情の高まりを和らげようとしている。

問題を解決しようとするとき

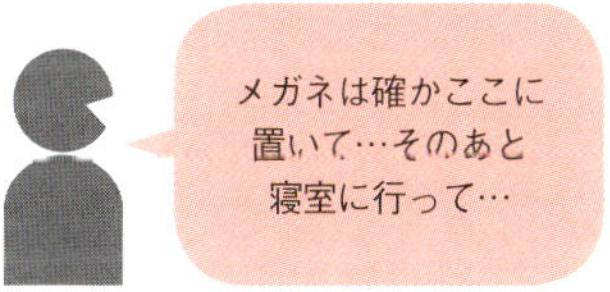
メガネは確かここに
置いて…そのあと
寝室に行って…

考えをまとめてつぶやくことで、不安感や不快感が和らぎ、心理的なバランスが回復する。

ひとり言が多いのは…

- **人と話す機会が少ない人**
  ひとり暮らしの長い人や、人と話す機会が少ない人は、ひとり言が多い傾向がある。
- **感受性や想像力が高い人**
  感情や感覚が敏感に反応し、思わず言葉に出てしまう。
- **ストレスを抱えている人**
  強いショックを受けたときなど、言葉にすることで再認識し、精神的に落ち着こうとする。ひとり言が多い人は慢性的にストレスを抱えている場合も。

ひとり言をやめてもらうには…

対処療法的に「とりあえずやめてもらう」ことを繰り返すと、自然とひとり言が減ることが期待できる。

- ひとり言に返答してしまう。
- 別の話で割り込む。　など

ねるのがおすすめ。たとえば、「**返答してしまう**」など。「よんだ？」などと反応することで、相手は「ひとり言が多いと迷惑をかける」という意識をもちはじめるでしょう。それを繰り返すうちに、自然とひとり言が減ってくるかもしれません。

一方、周囲とまったく関係なく、**まるで誰かと会話をしているような奇妙なひとり言**は、**「統合失調症」**※の可能性も。**幻聴や妄想などの症状があり**、本人としては幻聴と対話しているつもりですが、周囲にはひとり言を言っているように見えます。

関連トリビア

子どもとひとり言

小さな子どもは、遊びながらひとり言をブツブツ言うことがよくあります。これは発達段階のひとつで、言葉を使った思考を身につけるプロセスだと考えられています。

WORD 統合失調症…幻覚（特に幻聴）や妄想などの症状が出る精神疾患。100 人に 1 人弱の割合でかかるという決して頻度の低くない病気。病気である自覚がないことが多いため、発見が遅れることも。

07 若者を批判したがる

数千年前から続く「最近の若いモンは…」

若さへの嫉妬から若い世代に反発する

エジプトのピラミッドには、象形文字で「最近の若いモンは…」という内容の落書きがあるそうです。つまり、そんな昔から、人は若い世代を批判してきたということ。

「若者の言葉は乱れている」「最近の新入社員はマナーがなっとらん」といった批判には、**だから「自分たち上の世代のほうが優れている」と、優越感に浸りたい気持ち**が隠れています。**周囲より優れていたい**という「**承認欲求**」※が強く働くのです。

年齢を重ねていくと、**老いに対する不安や、若さをうらやむ気持ち**が起こります。これは生き物として自然に生まれるものです。また、社会の変化についていけなくなることも

WORD 承認欲求…自分を価値のある存在として認めてもらいたい、自分の考え方を受け入れてもらいたい、尊敬してもらいたいという欲求。

年配の人によくある発言

年をとるほど、思い出や経験は増えていきますが、若さは失ってしまいます。年配者がよくする発言からは、そのことへの葛藤が見え隠れしています。

昔をなつかしむ

オレたちの
若い頃はなあ…

そのココロは…

- 頑張ってきた過去の自分をほめたい。
- 若さを失うことへの不安からの逃避。若さへの嫉妬。
- いまの現実に向きあいたくない。
- 昔を知らない若者に対する優越感。

どう対応する？

「でもいまは…」などと反論するとヒートアップしやすい。話を聞けば何か発見があるかも。

若者をバカにする

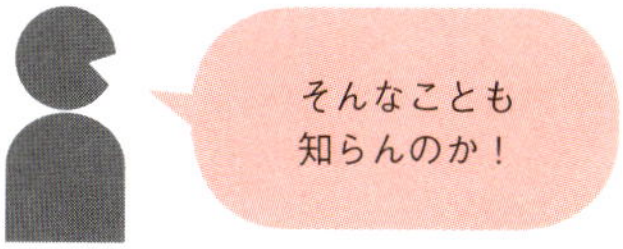
そんなことも
知らんのか！

そのココロは…

- 若者は未熟だと思うことで優越感を得たい。知識がないことは、相手を見くびる大きな理由になる。
- 情報化社会に対する自身の不安。

どう対応する？

沈黙したり謝ったりするより、「教えて」をもらおう。年の功から学ぶことも多く、相手の優越感も満たすことができる。

下ネタを言う中年男性は…

年配男性ほど、下ネタをよく言いがち。そこには、やはり性的な衰えに対して不安があるからこそ、笑い飛ばすことでまぎらわしたいという心理が垣間見える。自虐的なジョークなども同じこと。

あるでしょう。そのため、若者の悪口を言うことでバランスをとろうとしてしまいます。つまり、根底にあるものは**若者へのちょっとした嫉妬と、自分自身への不安**なのです。

ニュージーランドの心理学者フリンは、世界各地で行われた「知能テスト」の結果を集計し、「世代が後になるほど、ほぼ例外なくIQが高くなっている」ことを発表しています。「最近の若いモンは…」と言われながらも、同じ年齢時点での能力は、若い世代のほうが高いということになります。

もっと！ 他人の心理学

あとに生まれるほど高まっている能力

心理学者フリンによる調査で、特に世代差があったのが、学習能力や問題解決能力。逆に、計算力や一般教養にはさほど差がなかったそう。

会話

08 うわさ話が好き

他人の情報で盛りあがる人たち

情報交換の側面やストレス解消効果も

そこにいない人のことをあれこれ話す※**うわさ話**。ときに憶測が混じることもありますが、人が集団で生活していくうえで、周囲の人を理解したいと思うのは自然な流れ。うわさ話は、一種の情報交換でもあります。

特に**女性は、周囲の人と協力して身を守りたいという心理がある**ので、うわさ話を好む傾向があるようです。また、うわさ話には**不安やストレスを緩和する効果**もあります。

ただし、下世話なうわさ話をイヤがる人が多くいるのも事実。うわさ好きな人は基本的に情報集めが得意なので、会話中さりげなく質問を繰り出して相手の情報を引き出します。「自分が話したことも、どこかでう

WORD うわさ話…そこにいない人の身の上や事件などについてあれこれ話すこと。また、世間で一般的に広まっている確かでない話。

うわさ好きの心理

誰かのことをわが物顔で喋ったり、誰かの発言を引きあいに出したり…。
他人のことを話したがる人には、どのような気持ちが隠れているのでしょうか。

うわさ話をしたがる心理

- 周囲の人と関係をもちたい。情報を共有したい。いろいろな側面から状況を把握しておくことは、いざというときに役立つ。
- 「知っている」という優越感。
- 「喋る」ことでのストレス解消。
- 女性は男性に比べ、周囲と共感したい気持ちが強く、複数の情報を組みあわせることが得意なので、うわさ話を好む傾向がある。

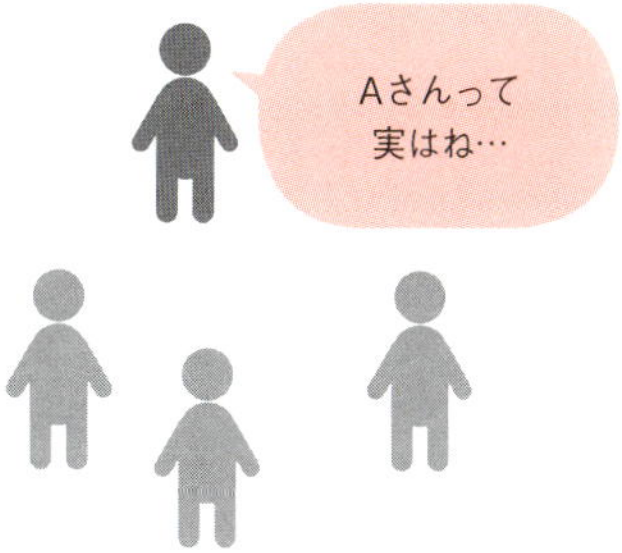
Aさんって
実はね…

人の発言を引きあいに出す心理

- 他人の意見を使って自分の考えを話している場合が多い。自分の考えをストレートに言うのを避けているのである。

人は、自分の考えと一致する情報を取り入れるもの。自分の考えとは違う情報は無意識に遠ざけ、少しずつ記憶から消えてしまいやすい。

Aさんが言って
たんだけどね…

わさ話のネタにされるのでは?」と、思わず警戒してしまいます。

それを回避するには、**「質問返し」**がおすすめ。聞かれたことには簡単に答えて、「あなたは?」と聞き返すのです。うわさ話は楽しいものですが、**人間にとってそれ以上楽しいのは「自分の話をする」こと**です。相手になるべく話をさせることで、相手の満足感を高めながら、自分の情報を守ることができます。

もっと! 他人の心理学

自分のことばかり話す人は?

自分の日常などを細部まで話したがる人は、「自分に関心をもって!」というメッセージを発信しているようなもの。相手に対する支配的な気持ちがあるのかもしれません。また、何でも自分の話に誘導する人は、「自分が会話の中心でいたい」という気持ちがある人。どこか幼い部分があるのでしょう。

09 悪口や陰口をよく言う

まわりの人のよいところを認められない状態

悪口をぶちまけていると悪い印象をもたれる

他人の悪口や陰口ばかり言う人は、周囲の悪い面ばかりが目につき、イライラしている状態にあります。**感情一致効果**（▼P104）により、**自分の感情と一致した情報ばかりを集めてしまう**のです。

悪口は、**ストレスや欲求不満を解消したり、傷ついたプライドをなぐさめたりする手段**として使われます。他人の弱点を攻撃することは本能的な快感につながりますし、他人のマイナス面を強調することでプライドを守ることもできます。

また、**誰かと共感しあい、結束を深める**ために、悪口がひと役買ってくれることもあります。共通の敵が仲を深めるのです（▼P84）。

↘にうつしかえられること。悪口を言う人は悪い人に、よい知らせを伝える人はよい人に思える。

悪口から見えてくる心理

相手へのイライラは自分へのイライラ。悪口は自分をうつす鏡でもあります。悪口の受けとり方は相手によって異なり、吉と出ることもあれば凶と出ることも。

実はよくない精神状態

イヤなところばかりが目についたり、腹が立ったりするのは、自分自身の感情がマイナスに傾いているから。誰かの欠点やよくない行動を理由に、ストレスを解消しようとしている。

実は自ら弱点を暴露

一般的に悪口の内容は、「自分が言われたらイヤなこと、傷つくこと」。つまり、悪口を言うことで、相手に自分の自信がないところや弱点を伝えていることにもなる。

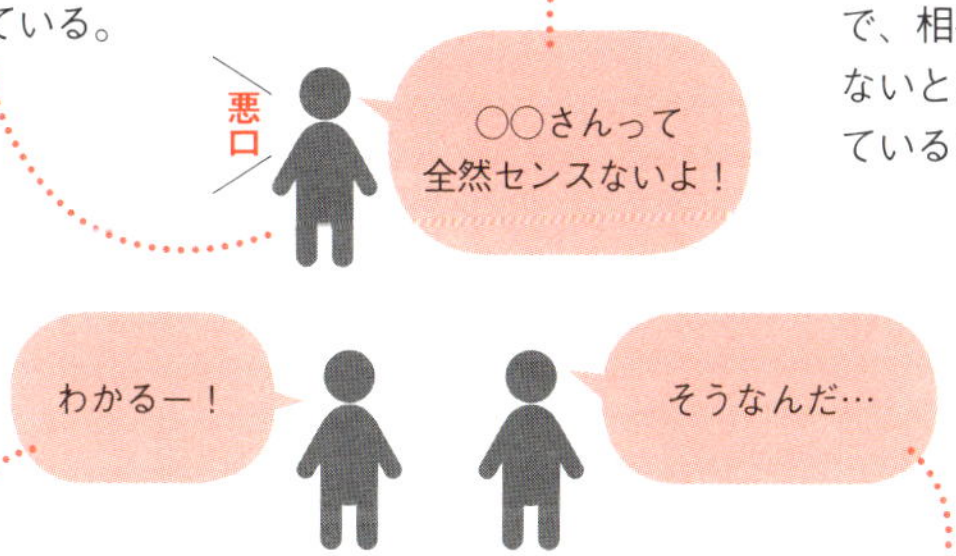
悪口
○○さんって
全然センスないよ！
わかるー！
そうなんだ…

仲よくなるきっかけになることも

相手も同じ気持ちをもっていた場合、意気投合して盛りあがることも。共感しあうことで仲が深まりやすい。

悪い印象をもたれることも

悪口を言われている人よりも、むしろ言っている側に悪い印象をもつことがよくある。発言している言葉と本人のイメージを無意識に重ねてしまうためである。

ただし、過剰な悪口は自分の印象を下げてしまいます。ある実験では、被験者たちに悪口を言っているビデオを見せたところ、その大半が**「悪口を言っている側」により悪い印象をもった**そうです。人は、**話の内容と話している人のイメージを無意識に結びつけてしまう**のです。これを**「連合の法則」**※と言います。

悪口は精神状態がよくないサイン。誰かが突然悪口を言うようになったら、気持ちを察した言葉がけで、少し冷静になってくれるかも。

こんなときに！心理術

怒りのエネルギーを利用！

攻撃的な気持ちは、言わばエネルギー。「ふだんやらない特別なこと」に手をつけてみるなど、その怒りのエネルギーを別の方向に向ければ、何かが得られるかも。

WORD 連合の法則…あるひとつのことによって気持ちが変わったとき、それがほかのこと全般への態度に影響すること。たとえば、人が話を聞くとき、伝えられた話のイメージがそのまま伝えた人のイメージ↗

会話

⑩ 人と話すのをこわがる

震えや吐き気、めまいなどを起こす場合も

まじめで完璧主義な人は不安や後悔を抱きやすい

人前で緊張するのは当たり前のことですが、「人と話すのが苦手」「人と会うのがこわい」と強く感じる人もいます。そうした人に共通して言えるのが、**まじめで完璧主義**であること。**責任感や向上心が強く、自分への評価が厳しい**ため、小さな失敗も許せなくなるのです。

人づきあいにおいても、「おかしなことを言って嫌われたら…」という不安や、「あのときああ言えばよかった」などの後悔を強く抱きがち。**度が過ぎると、人間関係そのものから逃げたくなってしまいます。**

人前で話すときに体がひどく震えたり、吐き気やめまいがしたり、前日からそのことばかり気になって何

↘不安障害は、ストレス、ショック、疲労などによって起こる「不安障害」のひとつである。

社会不安障害とは

人と接するさまざまな場面で、強い不安や恐怖を感じる「社会不安障害」。
その症状には次のようなものがあり、複数の症状が見られることもあります。

スピーチ恐怖
人前で話すことに強い不安を感じる。声が震える、めまいがするほか、言葉を発せられない場合も。

電話恐怖
うまく対応できないことへの不安から電話を恐れる。手が震えて電話に出られなくなることも。

視線恐怖
人の視線にさらされることに不安や恐怖を感じる。みんなが自分を見ているように感じる場合も。

振戦《しんせん》恐怖
人に見られていると手が震える。ナイフやフォークを使うときや、文字を書くときなど。

赤面恐怖
顔が赤くなることが不安で、人と接する場面を避ける。顔色について指摘された経験をもつことも。

会食恐怖
食事の様子を見られることに緊張や不安を感じる。食べ方や、食べるときの音などが気になる。

自己臭恐怖
自分の臭いが他人を不快にさせているのでは？という不安。体臭や口臭が過剰に気になる。

ほかにも…
人と接しているときにお腹が鳴ることを心配する「腹鳴《ふくめい》恐怖」、公衆トイレなどで他人がいると排尿することができない「排尿恐怖」などがある。

も手につかなくなったりして、日常生活がままならないようであれば、「※**社会不安障害**」が疑われます。

社会不安障害は、**人や社会と接する場面で強い不安を感じる**病気で、大人よりは若い人、男性よりは女性に多く見られます。**子どもの頃に人前で笑われるなどの体験**をしたことが発症に影響したり、**強いストレスに見舞われる**ことが引き金になったりします。症状は、投薬治療や心理療法などで改善することができます。

こんなときに！心理術

緊張を克服するには

人前で話す際の緊張を克服するには、まず言いたいことの数を絞ること。３つくらいにまとめ、「それだけを伝える」ことを意識します。また、ひとりで、もしくは家族や友達など少人数の前で「練習する」ことも大切。

※WORD 社会不安障害…人や社会と接することについて、日常生活に支障が出るほどの強い不安や恐怖を感じる病気。悪化すると「引きこもり」状態になってしまうこともある。「対人恐怖症」ともよばれる。社会↗

⑪ コミュニケーションが苦手

空気を読んだり、気配りをしたりするのが苦手な人

あいまいな言い方をうまく理解できない

　どこにでも、空気が読めない人やうまくコミュニケーションをとれない人はいます。たとえば**セルフモニタリング能力の低い人**（▼P114）は、わが道を行くタイプなので空気を読むこと自体を重視していません。また、単に**相手のことをよく知らないため**にやりとりがうまくいかない場合もあるでしょう。

　一方、コミュニケーション能力や社会性に問題がある状態として近年注目されているのが、**「アスペルガー障害」**※です。**言葉や学習能力には問題がないのに、周囲とのコミュニケーションがうまくとれない状態**を言います。あいまいな言い方から言外の意図を読みとれなかったり、相

↘の発達に関係する「発達障害」のひとつとされる。

アスペルガー障害とは

近年注目を集めているアスペルガー障害。
次に挙げる３つの特徴すべてに当てはまるなら、受診が必要な場合も。

コミュニケーションの障害

会話の能力には問題がないが、複雑なコミュニケーションができない。あいまいな言い方や社交辞令、皮肉など、言外の意味を読みとることができないなど。

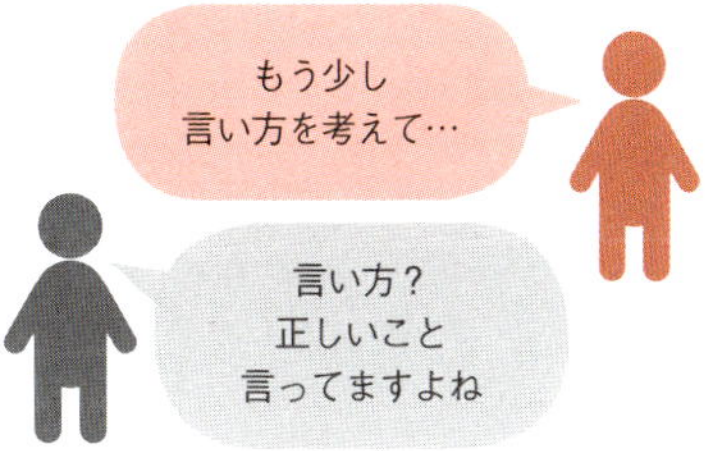
もう少し
言い方を考えて…
言い方？
正しいこと
言ってますよね

社会性の障害

社会的にふさわしい行動を上手にとれない。相手と目を合わすことを避けたり、相手の社会的な立場に対する暗黙のルールが理解できなかったりするなど。

先輩に借りた本
おもしろくなかったです

想像力の障害

決まったパターンの行動から外れることを嫌う。新しい指示に対応できなかったり、興味をもったひとつのことに集中してまわりが見えなくなったりするなど。

具体的な言葉で対応を

あいまいな言葉を理解しづらい人には、具体的で明確な言葉で話すことが大切。また、「あの人はここがダメ」などと悪い面ばかりに目を向けるのではなく、ひとつの個性としてとらえる姿勢を。

手の立場や気持ちに配慮した言動ができなかったりして、日常生活に支障が出ます。

こうした病気が注目されるなか、少し周囲から浮いたくらいで「もしかしてアスペルガー障害？」などと心配する人も増えています。しかし、たいていの場合は問題ありません。**空気を読んだり気配りしたりする能力には個人差があり、また相手との相性なども関係する**ものです。ただし、本人の負担になっている場合は、受診も考慮に入れましょう。

関連トリビア

成功をつかむことも

アスペルガー障害の人は、「ひとつのことに没頭する」という特徴から、特定の分野で周囲も想像しなかったような大きな成果を上げる場合もあります。「もしかしてアスペルガー障害だったのでは？」と推測される歴史上の偉人もいるようです。

WORD アスペルガー障害…言語や学習能力には問題がないにもかかわらず、コミュニケーション能力や社会性に問題がある状態。オーストリアの小児科医アスペルガーが、その症例を最初に報告した。脳機能↗

⑫ 不幸自慢は魅力を下げる

不幸話をする人を無意識に低く見てしまう

この前白髪
発見しちゃった!
まいっちゃうわー
まだ30代なのにー
わかる
私も歳のせいか
ホルモンバランスが乱れてて
病院行ってんだよね
すぐつかれるし
それに
病院代がかさんで
生活費を圧迫するし
彼氏は若い子に
とられちゃうし
ストレスで
胃炎にもなるし
…
た…大変
なんだね
でしょー

自分を守るためにその人に原因を求める

「友だちにお金をだましとられて、さらに病気で入院して…」などと不幸自慢をする人は、魅力的に見えるでしょうか。おそらく多くの人は、魅力的には思わないでしょう。

私たちは無意識に、**不幸な人にはそれ相応の理由があると考えてしまいます**。なぜなら人間心理には「**公正な世界の信念**※」というものがあるからです。これは言葉どおり「この世界は公正であるべきだ」という信念であり、**悪いことをしたら悪い結果になり、よいことをしたらよい結果になるという意識**を誰もがもっているということを意味します。

何の落ち度もない人が不幸な目にあっているのを目の当たりにすると、

WORD 公正な世界の信念…簡単に言えば、「この世界は公正であるべきだ」という信念のこと。「悪いことをしたら悪い結果になり、よいことをしたらよい結果になる」という意識。

ココロファイル 9

正当性のある不幸は魅力的!?

実験 被験者に、電気ショックを受けて苦しんでいる人のビデオを観せ、その人の魅力度を判断してもらった。その際、被験者に対して次のいずれかの説明をした。

A 説明なし。

B 実際には電気ショックはなく、これは演技。

C 電気ショックを受ける代わりに30ドルの報酬をもらっている。

結果 Aの場合は一般的な平均値よりも「魅力的でない」と判断され、BやCの場合は平均値よりも「魅力的」と判断された。「演技」という納得できる理由や、「お金のため」といった積極的な姿勢が、高い評価につながったと考えられる。

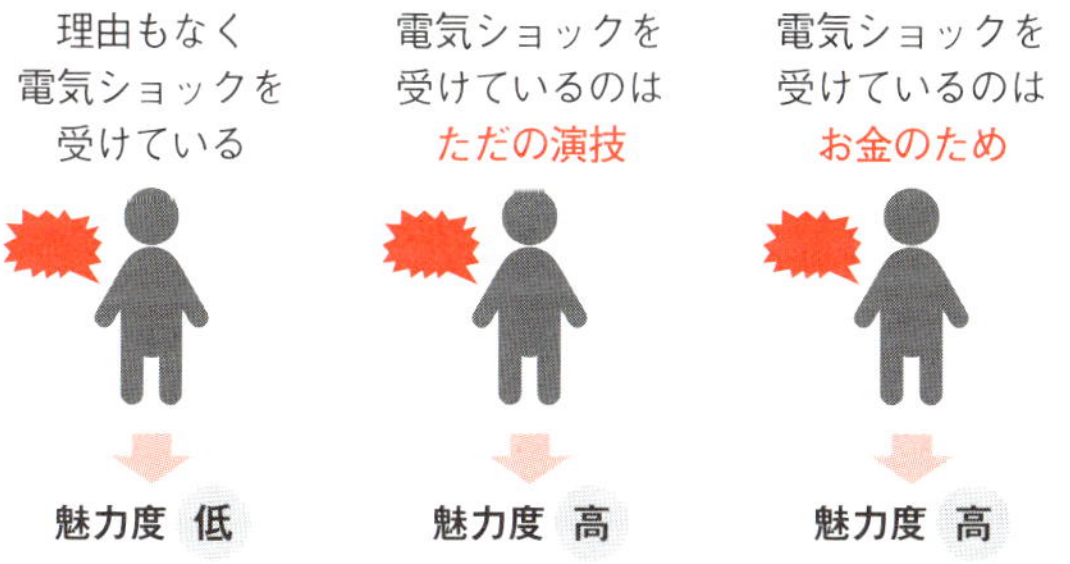
理由もなく
電気ショックを
受けている
魅力度 低
電気ショックを
受けているのは
ただの演技
魅力度 高
電気ショックを
受けているのは
お金のため
魅力度 高

不幸をただ受けていては、低評価につながる。不幸には何らかの理由をつけたり、プラスの結果をセットにしたりするほうが、評価が高まる！

この信念が揺らぎ、「自分もいつか不幸な目にあうのではないか」という不安を抱くことにつながります。そのため「本人にも何か落ち度があったに違いない」と思い込み、気持ちを落ち着かせようとするのです。

　不幸自慢をする人には、依存的な気持ちが隠れていることが多いもの。一時的に同情や注目を集めることはできても、高い評価にはつながりません。それより不幸と引きかえに何かを得た人など、**不幸に正当性があるほうがその人を魅力的に思うこと**がわかっています。

もっと！ 他人の心理学

幸せも不幸も披露のしかたに注意

　幸せ自慢もまた「なんでアイツばかり」と思われやすいもの。幸せ自慢にはマイナス要素を加え、不幸自慢にはプラス要素を加えるほうがベター。

会話

⑬

「セルフツッコミ」は知性の証!?

自分を客観的に見られる人は知性的

このワインはブルゴーニュのワイナリーでつくられててね
さてはウンチク野郎か？
なんて語られても困っちゃうよね
なにカッコつけてんだってね
僕ワインが好きなんだけどこれが特におすすめなんだ
へぇー！♪
ほんとおいしい！もっとワインのことおしえて♥

知性的な人と理屈っぽい人

心理学では、「知性的」であることの重要な要素として、「**メタ認知**※**ができること**」が挙げられています。メタ認知とは、簡単に言うと**自分を客観視すること**です。

まわりはおもしろがってもいないのにダジャレを連発する人、一方的に自分の主張だけを繰り返す人などは、自分がどんな状態にあるかを把握できていない人。つまりメタ認知ができていない人です。

メタ認知のひとつの形に「**セルフツッコミ**」があります。たとえばセールストークで、「この商品は素晴らしいんです。**なんて突然言われても困りますよね。**これから具体的に説明させてください」などと客観的

WORD メタ認知…認知している自分を、客観的に認知すること。自分や周囲の状況を冷静に把握・判断できること。

知性的な人って？

知性的な印象は、どのような会話を繰り広げるかによってつくられます。ときに一歩引きながら意見を主張する人は、「デキる人」と思われやすいもの。

自分を客観視できる

自分を客観的に見る「メタ認知」の視点は、知性的であることの重要な要素。会話中に一歩引いたひと言を盛り込むと、相手に知性的な印象を与えることができる。

こんなこと言ったら
驚くと思うけど…

自分の意見をはっきりもっている

心理学者クラッチフィールドの調査によれば、知性的な人の大部分は「自分の意見を貫ける人」だそう。相手の意見に流されるばかりでは、知性的には見えない。

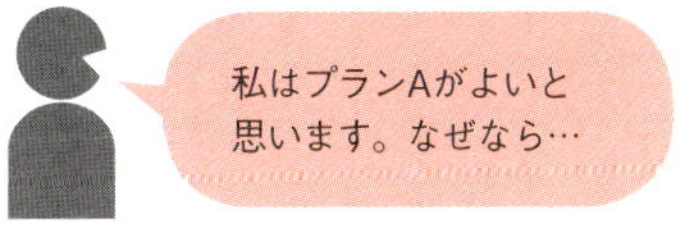
私はプランAがよいと
思います。なぜなら…

難しいことを言いたがる人は…

難しいことを言う人は一見知性的ですが、次のような心理が隠れていることも。

- **「知性化」の心理**
  欲求や感情にストレートに向きあわず、難しい言葉や一般論に逃げている。これを「知性化」と言う。
- **理解が足りていない**
  言葉や理論を深く理解できていないため、わかりやすい言葉に置きかえられない。

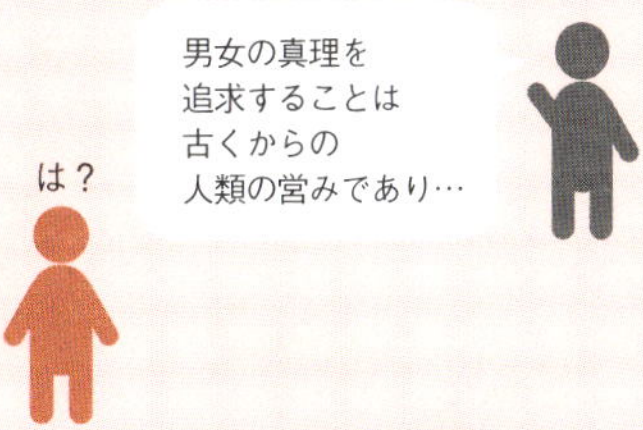
男女の真理を
追求することは
古くからの
人類の営みであり…
は？

なひと言を差し挟むこと。一歩引いて自分にツッコミを入れることで、ただ主張を繰り返すよりも引き込む力が増し、知性的な印象になります。

一方、難しい言葉を使ったり、長々と論理を展開したりする人は、いくら知識があっても好印象につながりにくいもの。周囲が煙たがっているのに気づかないとしたら、メタ認知ができていないということにもなります。

こんなときに！心理術

ツッコミとダメ押しで主張

意見や気持ちを伝えるときは、「主張→セルフツッコミ（客観的な視点）→主張のダメ押し」の流れが効果的。「僕とつきあってください！って、出会って1か月で言うのは早いかもしれないけど、でも本気なんです」という具合に。特に相手の反応がイマイチのときは、一歩引くことで相手を安心させることもできます。

会話

⑭ 話をまとめたがる

話の要点をまとめ、結論へと導きたい

ちょっと聞いて～
昨日さ、友だちと駅で待ち合わせしてたんだけどその子が全然来なくてー
ケータイにかけても出ないのよ どうしたんだろうって思ってたら公衆電話から電話がかかってきてその子だったの!
どこにいるの?って聞いたら駅にいるって言ってさ、実はあたしたち西口と東口で待ってて!
超うける～!!
うんうん
そうなんだ
そうか
待ち合わせはどこの出口か決めとかないとね
え?
そーゆー話じゃなくってさ
きいてた?
じゃあ
どういう話? つまり何?
?
だからさー 友だちと駅でー

男性の多くは会話に目的や意味を求める

「つまりこういうことだよね」などと話をまとめたがるタイプは、男性に多く見られます。

男性は会話に「目的」や「意味」を求めるため、意味のない会話や、結論の見えてこない議論を苦手に思う傾向があります。

一方、女性は会話にさほど「意味」を求めていません。**女性は相手と話題を共有したり、共感しあったりすることを重視**しており、意味もない会話をだらだら続けることも。

こうした心理の違いから、男女の会話ではすれ違いも多くなります。たとえば、女性はただ聞いてほしくて愚痴をこぼしているのに、男性のほうは理路整然とアドバイスをして、

会話における男女の違い

男性と女性では、基本的に会話のスタンスが違います。
互いの特徴を理解すれば、すれ違いも少なくなるかもしれません。

会話とは…
ある種の闘い

会話には…
「目的」や「意味」を求める

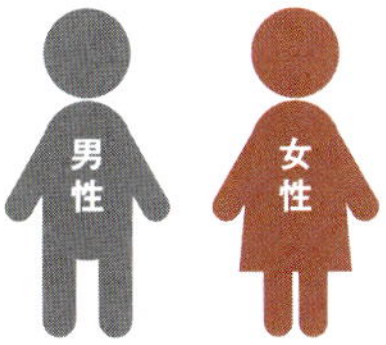

会話とは…
ともに話し合う手段

会話には…
「共感」を求める

よくあるすれ違いポイント

悩みを詮索されたくない！

男性は「話して発散する」ということはあまりない。共感を重んじる女性は、男性が悩んでいる様子のとき、「聞いてもらいたいはず」と思ってつい詮索したくなるが、男性にとっては余計なお世話であることも。

悩みを聞いてもらえない！

女性は、悩みや愚痴に対して「わかるよ」と共感してもらいたい。しかし男性は話すことで解決へと導きたいのだと思い込み、見当違いなアドバイスをしがち。その結果、女性は「聞いてもらえない」と思ってしまう。

何が言いたいのかわからない！

男性は、会話には何か意図があるものと思っている。そのため、意図のわからない質問や発言に困惑しやすい。デート中に「あとどれくらいで着きそう？」などと聞かれると、勝手に「非難」の意図があると受けとることも。

女性を怒らせてしまうなど。

また、**女性は物事の経緯を話してから結論を述べる「クライマックス法」**※**で話すことが多い**ため、話の核心がなかなか見えないことに男性はイライラしてしまうことも。

ほかにも、こうした男女差とは別に、**自分の発言中に何度も「要は…」と話をまとめる人もいます。これはせっかちなタイプ**によくある傾向。特に、「要は…」と言いながら話が長い場合は、頭の中で考えがまとまらないまま話をしている証拠です。

もっと！ 他人の心理学

話すときの目線にも男女差あり

男性は話しているときに相手の目を見るのに対し、女性は聞いているときに相手を見る傾向があります。ただし、相手に好意があると話すときも聞くときも相手を見るようになるようです。

※WORD クライマックス法…話の展開のしかた。説明をしてから結論を述べる話し方。一方、先に結論を述べ、あとから説明を加える話し方を「アンチクライマックス法」と言う。

ログセからわかる心理

誰にでも、つい多用してしまう「ログセ」があるものです。ふだんの何気ない会話から、相手の人柄を見てみましょう。

これすっごいおいしそう！
お店もすごくオシャレー！
1 大げささん
なんかいい感じだよね
2 あいまいさん
でもちょっと値段高すぎない？
駅からも遠いし
3 否定屋さん

5 すぐに納得するなるほどさん

「なるほど」という言葉は、話に納得しているサイン。しかし、あまりに多用するのは、話を深く理解しないまま受け流そうとしている可能性も。

6 わが道を行きたい自分アピールさん

「私はね…」「僕は…」と、主語（自分）をやけに強調する人は、「自分はほかの人とは違う」という意識がある人。自己顕示欲が強いタイプ。

私はいいと思うよ。
私はね
6 自分アピールさん
なるほど
なるほど～
5 なるほどさん
だーから！
いつも言ってるじゃん！
そういうお店は高いんだって!!
4 押しつけさん

1 誇張したがる大げささん

「すごい○○」などと、強調する言葉を使いたがるのは、自分をアピールしたいタイプに多い。自分の意見があり、それを周囲にもはっきりと伝えることができるので、頼りがいのあるタイプでもある。

2 断定できないあいまいさん

あいまいな表現で断定を避けるのは、自己主張が苦手な人に多い。まわりと対立したくないという気持ちも見え隠れ。「あいまい言葉」なら、意見が違っても無難にやり過ごすことができる。

3 何事にも用心深い否定屋さん

慎重で用心深く、そのため物事のマイナス面に目を向けやすいタイプ。納得できないことがあれば、小さなことでも反論する。しかし、度が過ぎると相手にネガティブなイメージをもたれやすい。

4 自分に自信がある押しつけさん

「だから」は自分の主張を強める言葉。これを多用するのは「自分は正しい」と思っているから。度が過ぎる人は、幼稚な一面をもっている可能性大。

ココロがわかる!　心理テスト④

その告白、お断り

Q あなたは異性から告白されました。しかし、その人にはあまり興味をもっていなかったので、告白を断りました。相手は食いさがり、理由を聞きたがっていますが、あなたはどう伝えますか？

A なんとなく…

B いまはそんな気持ちになれなくて…

C あなたに興味がなくて…

D ほかに好きな人がいるから…

解説➡P187

PART
5

チームワークのココロ模様

社会の中には、人間関係の「輪」がたくさんあります。
そして人と人が集まれば、互いに影響しあうのは自然なことです。
集団におけるココロのありさまをのぞいてみましょう。

チームワーク

01 誰でも仲間を「ひいき」する

自分の所属する集団は「優れている」？

属する集団や仲間には自然と評価が高くなる

人間心理には、「※内《ない》集団・外《がい》集団」という考え方があります。簡単に言えば、**内集団は自分が所属しているグループで、外集団は違うグループ**のこと。サラリーマンなら会社やその部署などが内集団、別の会社や違う部署が外集団です。

人はたいてい**自分が属する集団を「よい、優れている」と思いたがる**ものです。したがって、内集団をより高く、外集団をより低く評価する、いわゆる「身びいき」「内輪びいき」が無意識に起こります。

同じ相手でも、内集団と意識するだけで「いい人」となるし、外集団だと「要注意人物かも」と、評価が変わることも珍しくありません。さ

WORD 内集団／外集団…「内集団」は自分が所属する集団のこと。「外集団」は自分が所属しない、「他者」と感じられる集団。競争や対立などの対象となりやすい。

ココロファイル 10

別のグループとは仲よくできない!?

実験 心理学者シェリフらは、少年たちを対象に次のような実験を行った。「サマーキャンプ実験」とよばれる有名な実験。

1 少年たちを2つのグループに分けて、キャンプ場で別々に生活させた。

2 両グループを引きあわせ、綱引きや野球などのゲームで競わせた。

3 映画や食事など、両グループがいっしょに楽しむ機会を設けた。

4 設備の不具合に対応するなど、両グループが協力すべき課題を与えた。

結果

1 → 集団生活によりグループの各自に役割が生まれ、仲間意識が高まった。

2 → 競争的なゲームで相手グループへの敵対感情が高まり、集団内の結束も強まった。

3 → いっしょに楽しむ機会を設けたはずが、逆に対立が激化してしまった。

4 → 両グループが協力することで、敵対感情は消え、友好的になった。

人は自分の属する集団に仲間意識をもつ。敵対する集団があると団結力が増し、敵対するあまり集団間に摩擦が生じた場合は、共通の課題をもつことで解消できる！

ら**に好みや考え方が合う相手の場合、「身びいき」も強くなります**。同じ趣味をもっているなどがわかると、たちまち親近感をおぼえます。

内集団の結束力を高めるには、外にライバルをつくるのが一番です。学校でグループ対抗の発表を行ったり、会社でライバル他社を強く意識したりするのは、集団をまとめる効果が見込めます。「勝利」という同じ目的に向かうなかで、**各自の役割が確立され、協調性が育まれます**。

こんなときに！心理術

共感を誘う語りかけ

部下に仕事を促すときなどには、「仕事して」と言うよりも、「そろそろ仕事しようか」と言うほうが効果的。後者は内集団としての語りかけ。「いっしょに頑張ろう」という共感の姿勢が心に響きます。

チームワーク

02

自分の意見は「多数派」？

自分にとっての「当たり前」が通用しないことも

「みんなが思っている」には根拠がないことが多い

たとえば、自分が観ておもしろいと思った映画を、「みんなもおもしろいと思うはず」とおすすめしたことはないでしょうか。何か愚痴をこぼすとき、「みんなもわかってくれるはず」と思ってはいませんか。

人は、**多くの人が自分と同じ意見をもち、同じように行動する**と考える傾向があり、これを「**フォールス・コンセンサス効果**」※と言います。言わば単なる「思い込み」です。

恋人や親友、家族など、**相手が親しい間柄であるほど、こうした思い込みは強くなります**。そして、親しい相手だからこそ、ちょっとした意見の違いが許せないことも少なくありません。

WORD フォールス・コンセンサス効果…人は、多くの人が自分と同じ意見をもち、同じように行動するだろうと考えやすいということ。

ココロファイル 11

「みんな同じ」とは限らない！

実験 心理学者ロスらは、被験者学生にサンドイッチマンになって（体にボードをつけて）、歩きまわるように依頼した。そして承諾した人、断った人それぞれに、「ほかの人に同じことを頼んだらやると思いますか？」と聞いた。

結果 承諾した人は「ほかの人も承諾すると思う」と答える人が多く、断った人は「ほかの人も断ると思う」と答える人が多かった。

Q ほかの人に同じことを頼んだら、やると思いますか？

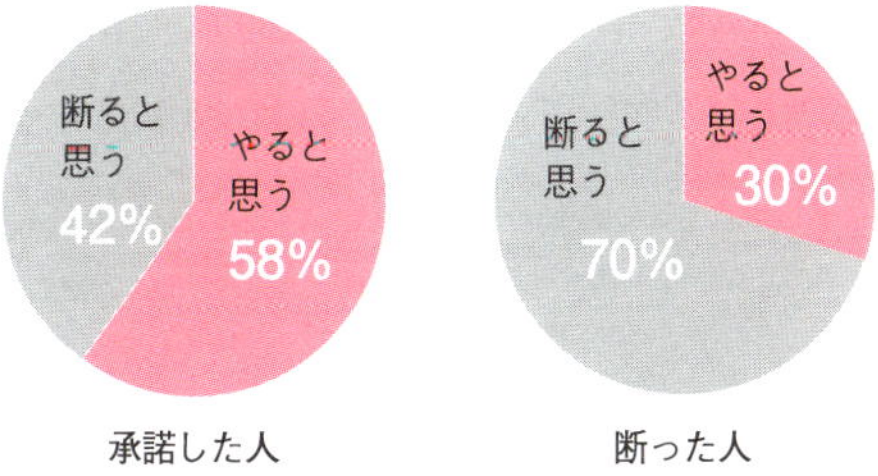
断ると思う 42%
やると思う 58%
承諾した人
やると思う 30%
断ると思う 70%
断った人

誰もが「まわりも自分と同じように思うはず」と思い込みやすい！

こうした「思い込み」を理解することは、すれ違いや誤解を防ぐことにつながります。**「こんなことは当たり前だ」と思っていても、相手はそうでない場合がある**のです。

また、「みんながあなたに迷惑している」などと自信たっぷりに批判してくる人がいたとしても、傷つく必要はありません。「みんなって誰？　それはあなたの主観でしょ？」と、気楽に受け止めればいいのです。

こんなときに！心理術

「当然」を疑ってみる

一番大切なことに関する「当然」を、ときにはただの「期待」だと考えてみましょう。たとえば、「彼は浮気なんてしないはず」というのはただの期待。それを「当然」にするために何ができるか考え、行動を起こすことが大切です。

03 人はまわりに流される

「みんなといっしょ」は安心感がある

労力の節約でもあり自己防衛でもある

飲食店をネットで探すとき、星の数が多く、よいレビューが書き込まれている店を選びたくなるものです。また、道を歩いているときに多くの人が空を見上げていたら、気になって自分も空を見上げてしまうのではないでしょうか。

これは「**同調**※」とよばれる心理現象。私たちは**大多数の意見や行動に流されてしまう**ことが多くあります。特に何かを選ぶとき、多くの人の意見を参考にすれば、**選択にかかる労力を節約する**ことができますし、失敗する確率を減らすこともできます。周囲と話題を共有できるメリットもあるかもしれません。

集団の中では、多くの人の意見が

WORD 同調…周囲の意見に賛同し、同じ行動をとること。自分の意思より周囲の雰囲気を尊重して行動すること。表面的な同調もあれば、心の底から周囲に同調することもある。また、無意識の同調もある。

同調する心理

人は、無意識にまわりに合わせて行動していることがよくあります。
その心理としては、次のようなものが挙げられます。

労力を節約したい

自分だけの力ですべての物事を決めるには、非常に労力がいる。多くの人の意見や行動を参考にすることで、その労力を少し減らすことができる。

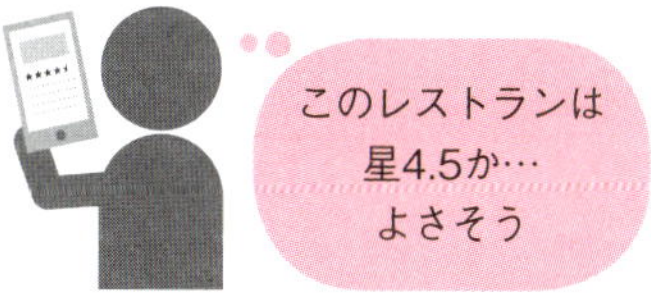
このレストランは
星4.5か…
よさそう

安心感を得たい

みんなが持っているアイテムを買ったり、話題の映画を観たりするなど、「みんなと同じ」行動をすれば、安心感が得られる。

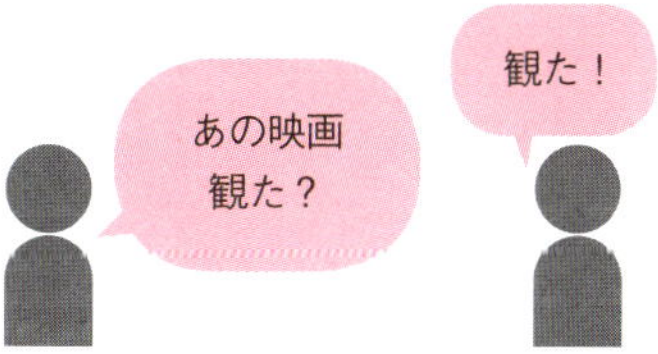
あの映画
観た？
観た！

正しくありたい

学校などで、多くの人が「答えはA」と言っていると、Aが正しいように感じる。内心違うと思っていても、間違えたくないため周囲に合わせてしまう。

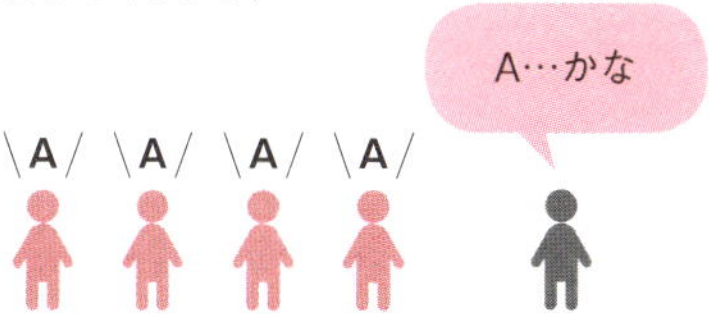
A
A
A
A
A…かな

好かれたい

相手に好かれたい気持ちから、相手の意見に合わせてしまうことも。

課長
イヤだよね
本当は
イヤじゃない
けど…
だよね

ある種の強制力をもつこともあります。会議中まわりの人がみな「A案がいい」と言ったとき、自分ひとりだけ「絶対にB案」と主張するのはとても勇気がいること。つい、「私もB案で」となってしまいます。

特に、**自分の判断に自信がもてないときは、信頼する人々の意見に同調しがち**。これは**集団の中で浮いてしまわないための自己防衛**でもあり、みんなと同じ意見にすることで**「好かれたい」「正しくありたい」という欲求の表れ**でもあります。

もっと！ 他人の心理学

ひとりの意見が周囲を動かすことも

集団の中で異論を唱えるのは大変なこと。しかし、一貫した主張を続けることで周囲に影響を与えることは可能です。少数派が全体の意見を変えた例は、過去にもたくさんあります。

04

話し合いはときに危険

集団で話し合えば、よりよい意見が出るもの？

思考の質を落とし極端な結論に至ることも

ひとつのテーマを掲げて話し合うとき、個人でアイデアを考える場合と、集団で出しあう場合では、結果はどのように違うでしょうか。

集団で考えたほうが多くのアイデアが出そうですし、よりよい結果にたどり着けるように思えるものです。しかし、**実は個人で考えたほうが、質的にも量的にも優れたアイデアが出せる**ことがわかっています。集団で考えると、「**誰かの意見に賛同すればいいだろう」という考え**に陥りやすいことが、その一因です。

さらに、**集団で考えると意見が極端になりやすい**こともわかっています。その方向性としては、まず**危険な方向へと意見が偏る**※**「リスキーシ**

WORD リスキーシフト／コーシャスシフト…集団で議論をしたとき、より危険性の高い方向に意見が偏ることを「リスキーシフト」と言い、より保守的な方向に意見が偏ることを「コーシャスシフト」と言う。

集団で話し合うのは危険？

集団で話し合うと、意見が危険な方向か無難な方向に偏りやすくなります。リスキーシフトとコーシャスシフトの例を見てみましょう。

リスキーシフト

議論が白熱するうち、より危険な方向へと意見が偏る。責任の所在もあいまいで、危険なことをこわいと感じなくなる。

例

- 新規顧客を獲得するために、採算を度外視した見積もりを通そうとする。

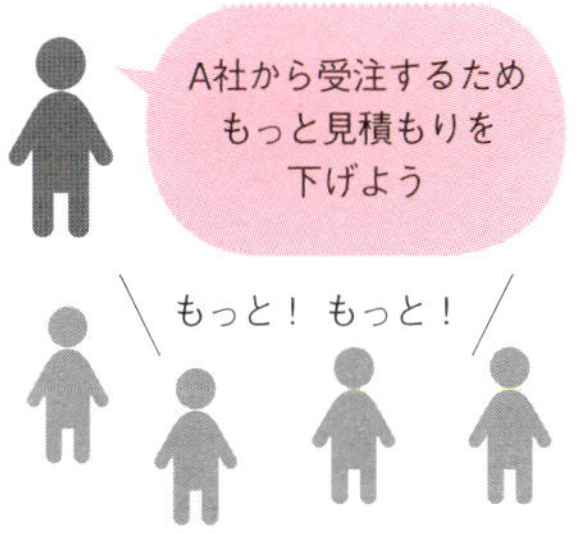
A社から受注するため
もっと見積もりを
下げよう
もっと！ もっと！

- インターネット上で誰かひとりを攻撃して、炎上する。
- 「やられたらやり返すべきだ」などと意見が過熱し、もめごとが戦争に発展する。

コーシャスシフト

話し合った結果、保守的な方向に意見が偏る。危険回避のために「何もしないこと」「現状維持」を優先する。

例

- 会議で、「前例がないから」と斬新な意見を切り捨てる。

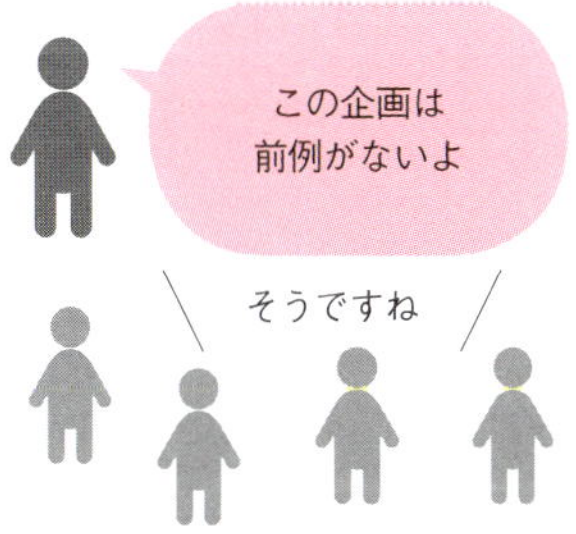
この企画は
前例がないよ
そうですね

- イベントを開催するとき、以前やったことと同じ施策を打つ。
- 旅行の計画を立てているとき、誰も何も決められず、決定を先送りにする。

フト」があります。周囲の意見に負けまいという気持ちや、周囲と同じ意見であることに自信をもつことにより、意見がエスカレートして、ハイリスクになるパターンです。

　これに対し、**安全性の高い方向に意見が偏ることを「コーシャスシフト」**※と言います。リスクを回避したいという思考に流され、無難にまとまってしまうパターンです。

　もちろん、集団で議論することで理想的な結論に達することもあるでしょう。しかし落とし穴もあるということを忘れてはなりません。

関連トリビア

多く話した者勝ち!?

　ある実験によると、話し合いで最も支持された意見は、「最も多く話していた人の意見」だったそう。たくさん発言をしたり声が大きかったりすると、強力な意見のように感じますが、安易に流されるのは危険です。

チームワーク

05 いじめを見て見ぬふりをする

ターゲットになることをおそれ、関わりを避ける

いじめを見過ごす自分を正当化してしまうことも

「いじめ」はよくないことだと誰もがわかっていますが、決してなくなることはありません。いじめがなくならないのは、もちろん「いじめる人」がいるからですが、**周囲がいじめを見て見ぬふりをしてしまうこと**も原因のひとつです。

いじめを傍観《ぼうかん》してしまうのは、わざわざ自分の身の危険を冒してまで関わりたいとは思わないから。「止めに入れば今度は自分がターゲットにされるかもしれない」ことを、たいていの人はわかっているのです。

また、まわりの誰もがいじめを止めない状況では、自分だけが声を上げるのを躊躇《ちゅうちょ》してしまいがち。「み**んな傍観しているし、自分も放って**

いじめにまつわる心理

いじめが起きる場では、それぞれの心理が交わりエスカレートしやすくなります。周囲の人が個々の気持ちを見極めて、慎重に対応したいものです。

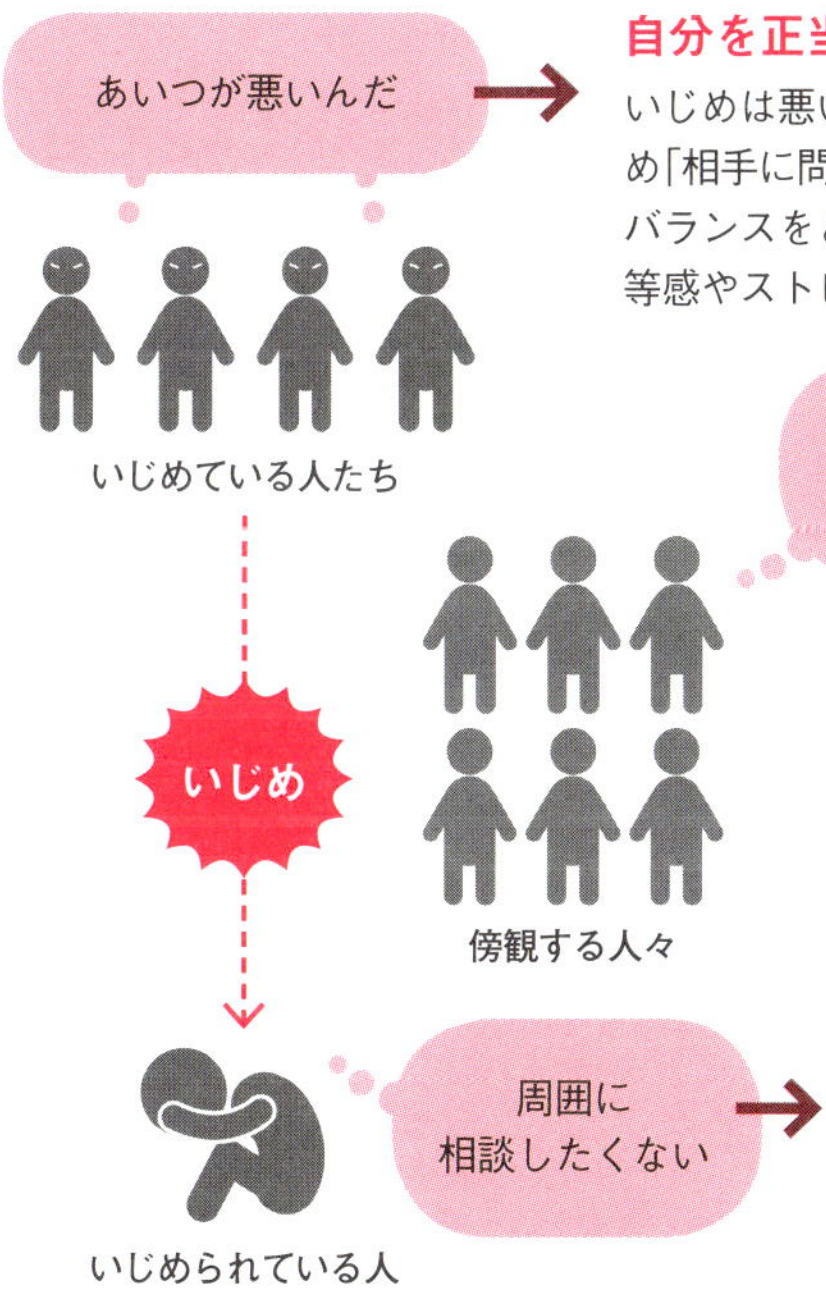
あいつが悪いんだ
いじめている人たち
いじめ
●誰も助けないし放っておこう
●いじめられる側にも理由がある？
傍観する人々
周囲に
相談したくない
いじめられている人

自分を正当化

いじめは悪いこと。それはわかっている。そのため「相手に問題がある」と正当化することで、心のバランスをとっている。また、いじめる側には劣等感やストレスなど、何らかの問題が根底にある。

自分だけ関わるのは危険

周囲の多くが傍観していると、自分も同調してしまう。「いじめられている」という結果を見て、本人にも何らかの理由があるように感じることも。

認めたくない

いじめられていることを認めるのは、みじめでプライドが傷つくこと。心配をかけたくない気持ちも相まって、なかなか言い出せないことが多い。

おこう」と、結果的にいじめられっ子をますます追い詰めてしまいます。これを「**傍観者効果**※」と言います。

さらに、「理由もなく不幸な目にあうはずがない」と思う心理（公正な世界の信念▼P136）から、いじめられる側にも何らかの要因があると考えてしまうことも。

いじめる側もまた、罪悪感などから逃れるため、**「いじめられるほうに原因がある」と考えることで、自分を正当化**しようとします。こうした心理から、いじめは深刻な社会問題として存在し続けてしまうのです。

もっと！ 他人の心理学

深刻化するいじめ

匿名性が高い状況では、人は残虐性を増してしまいます。インターネットを使った悪口はエスカレートしやすく、いじめをさらに深刻化させます。

WORD 傍観者効果…事件や異常事態、他人を助けるべき状況にあるとき、周囲に多くの人間がいることで、積極的に行動を起こそうとしなくなること。

06 抜けがけをしてしまう

自分の利益を優先して、全体のことを考えない

相手を裏切ると共倒れになることも

自分の利益ばかりを考えて行動すると、社会的に望ましくない状態が生まれることを「**社会的ジレンマ**※」と言います。「自分ひとりぐらい…」という身勝手な心理が、全体にとっての不利益を引き起こすのです。

社会的ジレンマは、日常のさまざまな場面で見受けられます。たとえば暑い夏の日、エアコンの設定温度を下げると快適ですが、みんながそうすると環境問題が深刻化します。路上駐車などの迷惑行為も、自分だけならたいした問題にならなくても、誰もが行ってしまえば結局は自分を含めた全員が困ってしまいます。

これらは**社会や集団と個人の問題**ですが、**個人同士や集団同士**などで

WORD 社会的ジレンマ…個人にとっての最適な選択が、社会や集団全体において最適な選択とはならない。そのために生じる心の葛藤。

裏切るか？　信頼するか？

次に挙げるのは、「囚人のジレンマ」とよばれるゲーム。
相手を信頼し、互いにとってよい行動をすることの難しさを物語っています。

囚人Aと囚人Bは別々の場所に収容され、会うことができない。そこへ警察官が別々に取り引きを提案してくる。

自白すれば
刑を軽くして
あげよう
警察官

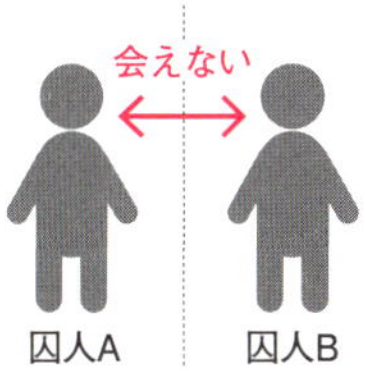
会えない
囚人A
囚人B

警察官の提案は次のとおり（年数は懲役期間）

囚人A ＼ 囚人B	黙秘	自白
黙秘	囚人A…２年 囚人B…２年	囚人A…１年 囚人B…８年
自白	囚人A…８年 囚人B…１年	囚人A…５年 囚人B…５年

つまり…

- **両者とも黙秘**
  ➡両者にとって最もよい選択。
- **一方だけが裏切る（自白）**
  ➡裏切ったほうが得をして、裏切られたほうは損をする。
- **両者とも裏切る（自白）**
  ➡共倒れになる。

ジレンマ
囚人A
囚人B

相手に裏切られたら自分の刑が重くなる。とりあえず自白しておくほうが得だと考えやすい。

➡ **結局両者とも自白**

仲間を信頼しないことで、結局は最適な選択を逃してしまう。

も同じことが起こります。たとえば商品の価格競争。A店が牛乳を安く売れば、ライバルのB店も客を奪われまいと同じ商品を安く販売します。2店が競争して値下げした結果、ほとんど利益がなくなり共倒れになることがあります。つまり、両者が**自分の利益を優先して相手を「出し抜き」続けると、互いにダメになってしまうことがある**のです。

互いに協力すれば、全体にとって最大の利益を生む場合は多くあります。しかし人間は、身勝手な判断をしてしまいがちな生き物なのです。

関連トリビア

チキンレースの危険

よく似た話に「チキンレース」があります。2台の車が崖《がけ》に向かって車を走らせ、相手より先にハンドルを切れば負けというゲーム。相手に臆病者と思われないために両者が暴走を続けると、悲惨な結末に…。

チームワーク

07

「命令」には逆らえない!?

「命令だから」と自分に言い訳してしまう

権威に従うことを重視し自分を押し殺してしまう

たとえば、会社で隠ぺいや不正行為を指示されたら、あなたはどうしますか? 悪いことだとわかっていても、「命令だからしかたない」と考え、従ってしまいますか?

人は「権威」※に弱い生き物です。職場など上下関係のある場では、「上から与えられた役割を果たすことが大事」だと考え、命令に従います。ときには**内心「行きすぎ」に感じる命令でも、自分を殺して従うことは少なくありません**。

とはいえ、意にそぐわないことをするのは苦痛なことです。そのため、痛みを和らげようと、**自分の行動を正当化**しようとします。「**命令に従っているだけ**」と思うことで、気持

※WORD 権威…他人に服従することを要求できる力。また、特定の事柄に関する「第一人者」という意味も。

ココロファイル 12

命令されると残酷になれる

実験 アメリカの心理学者ミルグラムは、服従の心理について次のような実験を行った。「アイヒマン実験」とよばれる実験。

1 被験者をふたり組ずつにして、教師役と生徒役を決める。

2 教師役は問題を出し、生徒役は別室で解答する。間違えた場合、教師役は電気ショックを与えなくてはならない。

3 生徒役が間違えるたび、教師役は電圧を上げる。次第に生徒役の悲鳴などが聞こえてくる。さらに上げると反応すらなくなる。

教師役

- 生徒役に問題を出す。
- 答えを間違えたら電気ショックを与える。
- 次第に電圧を上げていく。

生徒役

実は電気ショックを受ける演技しているだけ。

結果 教師役の6割は、指示に従ううち450ボルト（致死量）の電気ショックを与えてしまっていた。なかには中止を申し出る教師役もいたが、監督者から「続けてください」と指示されると、やめずに従ってしまう者もいた。

人は「権威」に弱い。個人的には絶対行わないことでも、「命令」されると実行してしまうことがある。

ちをラクにしようと考えるのです。

こうした思考はときに危険。誰もが声を上げないために、社会や集団全体がおかしな方向へ向かってしまうおそれもあります。

日常生活には案外多くの「権威」があります。病気のときは医師の指示どおりに過ごし、「この薬は大丈夫？」などと疑うことはありません。ほかにも、有名医師が監修した健康食品、大学教授の発言、専門家が推薦する本など、人は**「お墨つき」があるものを信じて従いやすい**のです。

関連トリビア

命令に従った結果…

上に挙げた「アイヒマン実験」は、ナチス親衛隊中佐でユダヤ人大量虐殺の責任者アドルフ・アイヒマンに由来します。彼自体は平凡な官僚でしたが、「命令に従っただけ」で大量虐殺を行い、のちに死刑になってしまいました。

08 求められるリーダーとは

集団を率いるためにはどうすればよい？

今月はひとりあたり新規顧客50社がノルマだ！
各自の営業先はこのリストのとおり！
50社!? 厳しいな…
A地域に強いのにB地域ばっかり
私の負担が大きい気がする
達成できないヤツは評価が下がるぞ！頑張れよ！
こんなリーダーはいかが？

優れたリーダーは豊富な経験から生まれる

集団の中で影響力をもつ人を「**リーダー**」と言います。リーダーは、集団が目標を達成するために何をすべきかを判断して、行動を起こします。また、集団に属する人々のモチベーションや、あらゆる活動に影響を与えます。こうした機能を「**リーダーシップ**※」とよびます。

心理学では、望ましいリーダーについて多くの研究が行われています。アメリカの心理学者レヴィンは、リーダーシップを「**専制型、民主型、放任型**」の3つに分類。このうち、生産性とメンバーの満足度の両面で優れているのは「民主型」のリーダーだと結論づけています。集団の方針を話し合いで決定し、リーダーは

WORD リーダーシップ…指導者、統率者としての地位や任務、資質や能力、力量のこと。集団の目標を達成し、集団を維持していくため、メンバーが自発的に行動するよう導いていくこと。

リーダーシップの心理学

リーダーシップについて、その先駆的存在となるレヴィンの研究と、日本の研究者である三隅《みすみ》博士の「PM理論」を見てみましょう。

心理学者レヴィンの分類

民主型リーダーが生産性もメンバーの満足度も高い。

	専制型	民主型	放任型
リーダーの行動	やるべきことをその場その場で細かく指示する。作業には関わらない。	集団の方針はメンバーで話し合って決める。メンバーといっしょに作業をする。	集団の方針を決定することなく、すべてメンバーに任せる。作業には関わらない。
生産性	高い	高い	低い
雰囲気	悪い（いじめが発生）	最もよい	まとまりがない

心理学者三隅のPM理論

P（パフォーマンス）機能とM（メンテナンス）機能を兼ね備えたリーダーが理想的。

PM理論では、目標達成のためにメンバーに働きかけることを「P機能」、メンバーの人間関係や心情に配慮することを「M機能」として、右のように分類している。

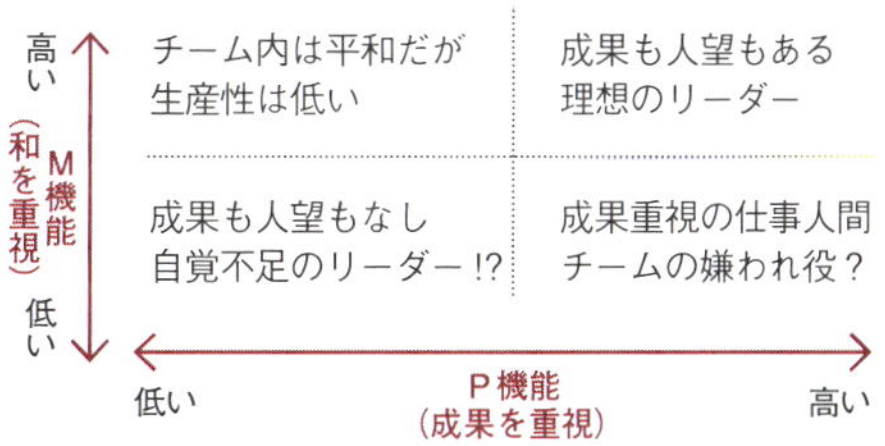
高い
M機能
（和を重視）
低い
チーム内は平和だが
生産性は低い
成果も人望もある
理想のリーダー
成果も人望もなし
自覚不足のリーダー!?
成果重視の仕事人間
チームの嫌われ役？
低い
P機能
（成果を重視）
高い

議長のような役割をするタイプです。

優れたリーダーというのは、生まれつき才能に恵まれているわけではありません。多くの場合、**リーダーとしての経験を重ね、失敗を繰り返してそのスキルを身につけます。**

会社では、チーム全体の作業を把握し、仕事を円滑にまわすほか、部下の不満や要望、悩みなどに耳を傾けるなど、求められる力は多岐にわたります。また、状況や相手によっても最適な対応は異なるため、豊富な経験や人間力が不可欠です。

もっと！
他人の心理学

状況によって変わるリーダーシップ

たとえば、具体的で細かい指示は未経験者には有益ですが、熟練者にはモチベーションや成果の低下を招きます。相手の能力や性格を適切に見極めて対応を決めることが大切です。

チームワーク

09 目を見て叱るのはダメ!?

相手に素直に聞き入れてもらう叱り方のコツ

反発心が生じないよう叱る相手に配慮を

たとえば会社や学校の部活動などでは、後輩や部下にミスを指摘したり、叱ったりしないといけない場面が出てきます。そんなとき、ただ怒りをぶつけるだけでは、相手に真意が伝わらないばかりか、関係がぎくしゃくしたり、場の雰囲気を乱してしまったりするおそれがあります。

相手にわかってもらうためには、それなりの配慮が必要です。たとえば心理学者エルスワースは、**叱るときは相手の目を見ないほうが効果的**だと述べています。叱られるのは誰でもイヤなもの。そのときに**じっと目を見られると、居心地が悪くなって反発心が生まれやすくなります。**逆に、ほめるときは目を見たほうが

注意するとき、叱るとき

職場などでは、注意したり叱ったりしなければならない場面があります。
相手に受け入れてもらうには、伝え方にも配慮が必要です。

1 すぐに短く叱る

時間が経つと効果が薄れる。事態が起きたらすぐ叱り、短く切りあげること。長時間怒ると相手はうんざり。効果が半減。

2 行動を叱る

具体的な行動を叱ることが大切。話を飛躍させて人格を否定するのはNG。

だらしない
ヤツだな!
ひどい!

3 誰かと比較しない

「A君はできるのに…」と比較されると反発心が生じるうえ、集団の和も乱れる。

4 みんなの前で叱らない

相手に恥をかかせない気配りを。見せしめのように叱っては信頼感が失われる。

5 目を見ずに叱る

目を見つめながら叱られるのは居心地が悪いため、反発心が生まれやすい。

6 複数を叱るなら公平に

叱る人と叱らない人がいると、不公平な印象になり、不信感を抱かれる。

7 ときにはプラスの言葉を

よかった部分を見つけてほめる、努力をねぎらう、未来に期待するなど、うまくプラスの言葉を盛り込めたら、モチベーションの低下が防げる。

本人に考えさせる方法も

本人にミスの原因や対策を考えさせるのも手。当事者意識や改善力を養える。

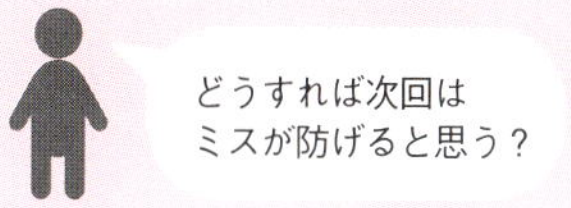
どうすれば次回は
ミスが防げると思う?

説得力が増します。

また、**クドクドと長時間叱るのも逆効果**。それは、たまっているうっぷんを発散するために相手を利用しているだけかもしれません。自分の思いを吐き出せば「**カタルシス**※」が得られ、気持ちよくなれるものです。

もちろん、相手の人格を否定したり、誰かと比較して叱ったりしてはいけません。伝えるべきことから脱線しないよう、何がよくなかったのか、**その行動に的をしぼり、冷静に対応する**ことが求められます。

こんなときに!心理術

頼みごとを断るときは?

言いづらいことを伝えるときこそ相手への配慮が大切。頼みを断るときも、「理由」や「代案」を添えて謝るなど、相手に理解してもらう努力を。

WORD カタルシス…精神的浄化を意味する。心の中にたまっていた感情が解放され、気持ちが浄化されること。「体内の汚物を排泄し、浄化する」という意味のギリシャ語から転じた。

チームワーク

⑩ ダメだと思うとダメになる

よくも悪くも「言葉ひとつ」で人は変わる

意識が行動を左右してしまう

人は、「自分はこうなのでは？」「あの人はああなのでは？」などと思い込み、**無意識にその思いに沿った行動をする**傾向があります。その結果、**思い込みが現実化してしまう**ことがよくあります。これを心理学で「**自己成就《じょうじゅ》予言**※」と言います。

たとえば、「自分は人前で話すのが苦手」と思っていると、会議などでも余計な緊張をしやすく、発言することに消極的になりがち。すると、人前で話すことがますます苦手になってしまいます。

自己成就予言はプラスにもマイナスにも働きます。たとえば、「君はとても優秀だ」と期待されることで、本人のモチベーションや自己肯定感

※WORD 自己成就予言…「こうなるのではないか」と思って行動していると、実際にその予言や予想が現実のものとして成就すること。「予言の自己成就」ともよばれる。

思い込みは現実化する

私たちは何らかの「思い」をもちながら行動しています。
思考のあり方が行動を左右し、それが結果に影響することはよくあります。

できると思うとできる

「絶対試験に受かる！」と信じるからこそ、集中力をもって粘り強く取り組み、実際に合格することができる。

頑張れば合格
できるはず！

フラれると思うとフラれる

恋人が離れていくことが不安で、「私のこと本当に好き？」などと何度も確認することで、次第に相手はうんざりし、結果的に破局を迎えてしまう。

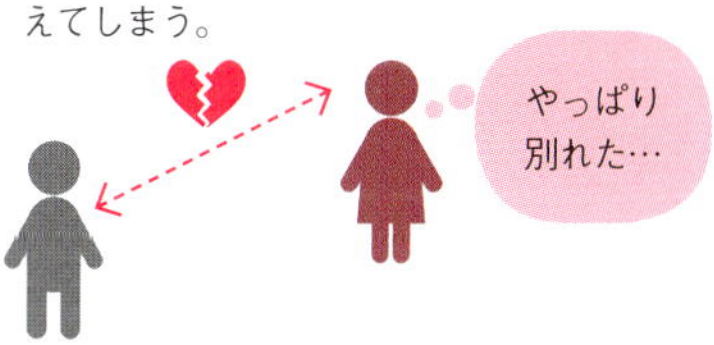
やっぱり
別れた…

占いの結果に左右される

「あなたは几帳面です」と診断されることで自分は几帳面だと思い込み、実際にそのように行動してしまう（▶P47）。

私って
几帳面だから

風評被害が生まれる

会社にまつわる根拠のない噂が流れることで、消費者が離れたり、よい人材が集まらなかったりして、実際に会社の業績が下がってしまうことも。

あの会社やばいよ
やばいんだ…

が増し、実際によい結果に結びつくこともあれば、逆に「君はダメだ」などと言われ続けると、その言葉どおり、成果が出せないこともあります。前者は「ピグマリオン効果」※、後者は「ゴーレム効果」※とよばれています。

上司や教える側が、「能力がない」と勝手に判断すると、言葉には出さずとも相手に影響を与えてしまいます。集団全体の能力を高めるには、自分を含めたメンバー全員を信頼することが大切なのかもしれません。

もっと！ 他人の心理学

過度の期待はプレッシャーになる

期待をかければ成果につながるとはいえ、過度な期待はプレッシャーになることも。言葉で期待を押しつけすぎるより、「信頼」を表現するほうが、相手の心に響きやすいでしょう。

※WORD ピグマリオン効果／ゴーレム効果…「ピグマリオン効果」は、期待をかけることで実際によい成果を引き出すこと。「ゴーレム効果」は、相手に悪い印象をもつことで実際に悪い成果を引き出してしまうこと。

チームワーク

⑪ 相手の批判をかわすには

相手の気持ちをおさえ、うまく切り抜ける方法

ペースにのまれず冷静な対応を

誰かに批判されたり、怒りをぶつけられたりしたとき、何も言い返せずにいるとストレスがたまります。とはいえ、言い争いも避けたいもの。

こうした状況でまず大切なのは、**ゆっくり穏やかに話すこと**です。**人は無意識に相手のペースにのまれてしまう**ため、落ち着いた態度を貫けば、相手の気持ちにもブレーキがかかりやすくなります。

心理学者ネルソン・ジョーンズは、相手の批判に対処するためには、**「反射」「分散」「質問」「延期」「フィードバック」**の5つの方法があると述べています（左上図）。相手が強く出たからといって全面的に謝るのも、相手より強く出るのも、得策ではあ

批判をかわす「５つの戦術」

批判やクレーム、言葉の攻撃を受けたとき、どのように対応すればよいでしょうか。心理学者ネルソン・ジョーンズは、次の５つの方法があると述べています。

おたくの商品、
壊れちゃったんだけど！
これって不良品じゃないの？
お金返してよ！

1 反射の戦術

相手の言葉を要約して返す。「話を受け入れていますよ」というメッセージを送ることで、相手の怒りがこれ以上増幅しないようにする。

例）商品が動かないので返金を望まれているということですね？

2 分散の戦術

相手の主張を「部分的に」認める。すると相手の怒りも少しはゆるむかもしれない。よくわからないまま全面的に認めて謝るのは得策ではない。

例）商品が動かなくなってしまったことは申し訳ありません。ですが…

3 質問の戦術

質問して話を掘り下げる。「この人は聞いてくれている」と感じてもらえるうえ、解決の糸口が見つかることも。相手に考えさせることで怒りをそらす効果もある。

例）商品はなぜ壊れたと思われたのですか？

4 延期の戦術

相手の勢いにのまれそうなときは、即断を避けて考える時間をもらう。相手の主張や要求を冷静に考えることが大切。

例）お話はよくわかりました。社内で少し検討させていただけないでしょうか？

5 フィードバックの戦術

相手の様子を伝える。批判をしているときは自分の姿など気にしていないもの。その姿を客観的に認識させると、相手はハッとして勢いを失うことも。

例）おっしゃることはわかりますが、そんなに強い言い方をされなくても…

りません。**自分の非は非として認めながら、主張できるところがあれば主張する**ことが大切です。

また、怒ってくる相手に対しては、**なるべく傷ついた様子を見せないほ**うが無難。相手は罪悪感から逃れるため、「あいつが悪い！」と、怒りをさらに強めてしまうことがあるためです。このことは「※**自責の念による反応増幅仮説**」とよばれています。

こんなときに！心理術

嫌みには質問返しや反復を

たとえば「女は笑ってればいいからラクだよね」といった悪質な嫌みを無視できないときは、「どういう意味ですか？」と聞いたり、「女は笑ってればいい…ですか」と相手の言葉を反復したりするのもひとつの手。返答に困る状況をつくることで、相手は自然と嫌みを言わなくなるかもしれません。

WORD 自責の念による反応増幅仮説…相手に悪いことをしたと思ったとき、その気持ちに耐えられず、相手に対する嫌悪感や憎悪を強めてしまうこと。

チームワーク

⑫

指名すれば人は動く？

相手に気持ちよく動いてもらうためには

行動に対するフィードバックを

たとえば部下や同僚に頼みがあるとき、相手に気持ちよく動いてもらうにはどうすればよいでしょうか。

何かをお願いするときは、まず相手の名前をよんでみてください。人は「集団の中のひとり」に埋没すると、なかなか動こうとはしません。「山田さん、お願いします」と**名指しされるほうが動くもの**です。これを「名指し効果※」と言います。

人は基本的に、**名前をよばれることを心地よく感じ、よんでくれた相手に好感をもちます**。名前をよび、「あなただから頼める」という信頼感を伝えれば、相手のモチベーションを高めることにもなります。

また、せっかく行動してもらった

WORD 名指し効果…名前をよんだほうが、互いに親近感が高まること。集団の中では、名前をよぶことで没個性化を防ぎ、個人の責任感を引き出すこともできる。

ココロファイル 13

「結果」を見せると人は動く!?

実験 心理学者カッツェフとミシマは、次のような実験を行った。

1 大学近くに「古紙リサイクルコーナー」を作り、その回収量を調べた。

2 古紙リサイクルコーナーに、「昨日の回収は○○ポンドでした」という看板を立てるようにして、引き続き回収量を調べた。

3 1週間後、看板を取り去り、引き続き回収量を調べた。

結果 看板を立てると回収量は約2倍に増加し、看板を取り除くと回収量は減った。

1の場合 ➡ 1日の平均回収量は約8.6ポンド。
2の場合 ➡ 回収量は約15ポンドまで増えた。
3の場合 ➡ 回収量は約12.7ポンドまで落ち込んだ。

古紙リサイクルコーナー

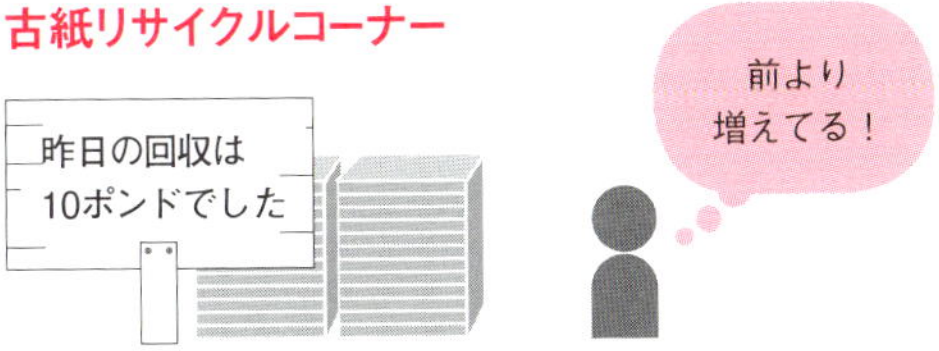
昨日の回収は
10ポンドでした
前より
増えてる！

行動の結果をはっきりと示すことで、相手のモチベーションを引き出すことができる！

からには、**「結果」を見せる**ことも大切。「おかげでみんな喜んでくれたよ」「売り上げが100万円アップしたよ」などと結果を見せられると、「よし、もっと頑張ろう！」という気持ちになるものです。

人の使い方が上手な人は、**「この人のために働きたい！」と思わせることが上手な人**です。好感のもてる態度を心がけ、行動に対する感謝や評価を表現することが大切です。

もっと！ 他人の心理学

反応があるから人は動く

よく小学生が好きな女の子をいじめたりするのも、「嫌がる」という反応（＝結果）があるからこそ、続けたくなります。やめてほしい場合は、相手が攻撃してきても、落ち着いたそぶりを心がけ、気持ちの動揺を見せないほうが本当はよいのです。

ココロを動かす！ 心理テクニック

相手を説得するときや、頼みを聞いてもらいたいとき、どのように話を進めるのが効果的か、考えてみましょう。

説得編　話し方を工夫して相手を引き込むには？

説得をするときは、話し方が大切です。相手をうまく話に引き込むことができれば、自分のペースで話を進められる可能性が高くなります。そのために大切な観点を、いくつか紹介しましょう。

1 「結論」から述べる

相手が話に興味をもっていない場合、「結論」から述べるほうが得策です。長々と説明を聞いてから結論に到達する話し方では、聞く側は途中で飽きてしまいます。結論から述べれば、少なくとも「言いたいこと」は確実に伝えることができます。

私はプランAがよいと思います。なぜなら…
プラン A
プラン B
プラン C

▶話の展開のしかた

クライマックス法（▶P141）	アンチクライマックス法
先に結論の根拠となる事柄を説明して、最後に結論を述べる。	まず結論を述べ、あとからその根拠を説明する。
〈適した状況・相手〉 ●「オチ」のある話をするとき。 ●相手が話に興味をもっている場合で、結論までじらして期待をあおりたいとき。 ●女性の多くが好む話し方。	〈適した状況・相手〉 ●相手が話に興味をもっていないとき。 ●ビジネス全般のやりとり。 ●論理的、合理的な考え方の人と話す場合。 ●男性の多くが好む話し方。

2 「デメリット」も伝える

メリットだけを伝えて説得すると、あとで相手がデメリットに気づいたときに印象が悪くなってしまいます。デメリットも伝えたうえでメリットを強調するほうが、結局は相手から信頼されることにつながり、説得力が増します。

実はプランAは、価格の面では決して安いとは言えません。

▶何を話すか

片面提示	両面提示
メリットだけを伝える。	メリットとデメリットをどちらも伝える。
〈適した状況・相手〉 ●相手が説得したい事柄についてほとんど知識をもっていない場合で、どうしても主張を通したいとき。	〈適した状況・相手〉 ●多くの状況に適している。 ●相手と信頼関係を築きたい場合。

3 最後にはっきり「主張」する

説得には、あえて強く主張せず、相手に結論を出させる方法もあります。しかし、やはり説得効果を高めるためには、最後に必ず「だから○○すべき」とはっきり結論を主張したほうがよいでしょう。

…だから、プランAに決めたほうがよいと思います！

▶どのくらい主張するか

暗示的説得	明示的説得
説得したい事柄について、メリットや理由のみを述べ、相手自身に結論を出させる。	説得したい事柄について、メリットや理由を述べたあと、「だから○○すべき」と、はっきり結論を主張する。
〈適した状況・相手〉 ●相手が頑固なタイプの場合。	〈適した状況・相手〉 ●多くの状況に適している。

お願い編

「2段構え」で攻めることで承諾率がアップする！

どうしても聞いてほしい頼みごとや、成功させたい交渉ごとがある場合、話を「2段構え」にすることで、承諾率をアップさせる方法を試してみませんか。

1 ドア・イン・ザ・フェイス

まず、現実的でない大きな要求を提示し、相手に断られたら要求のハードルを下げて提示する方法です。もともとお願いしたかったことはあとの要求のほうなのですが、2段階でお願いすることで、一度「譲歩」した形にすることができます。すると相手も、「譲歩してくれたし、こっちも譲歩しなくては…」という心理になり、断りづらくなります。二度も断るのは心苦しいものなのです。

大きな要求
同窓会でスピーチしてくれない？
NG
小さな要求
じゃあ、招待状出すの手伝ってくれない？
OK

2 フット・イン・ザ・ドア

まず、OKをもらえるような小さな要求を提示して、そのあと大きな要求へと発展させる方法です。一度OKしてしまうと、そのあと多少負担が大きくなったからといって断るのは難しく感じます。多くの場合、相手は無理をしてそのまま要求に応じてくれるでしょう。ただし、相手の心につけ込む方法なので、多用すると信頼を失います。

小さな要求
この手紙、ポストに投函してきて！
OK
大きな要求
ついでに夕飯の材料と洗剤も買ってきてね！
OK

③ ロー・ボール・テクニック

まず、相手が飛びつくような好条件を提示しておいて、相手がOKしたら、不利な条件をつけ加える方法です。❷のフット・イン・ザ・ドアと同じく、相手は一度OKした手前、断りづらくなるでしょう。こちらもあまり多用すると信頼を失ってしまうおそれがあるので要注意。

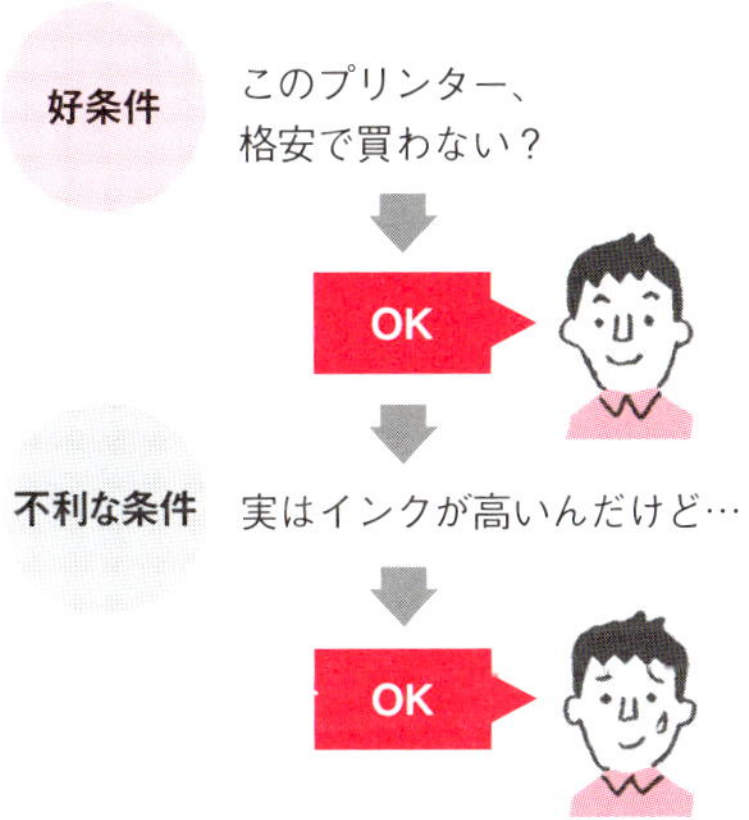
好条件
このプリンター、
格安で買わない？
OK
不利な条件
実はインクが高いんだけど…
OK

「どこで話すか」で結果が変わることも

説得やお願いの承諾率を上げるには、どこで話をするかも重要な要素になります。たとえば、次に挙げる場所はどうでしょうか。

●食事の場で

食事の場であれば、食事による満足感により、交渉ごとも好意的に受けとりやすくなる。「ランチョンテクニック」とよばれ、接待などに活用されている手法である。感情一致効果（▶P104）により、相手に対する印象や評価が高まるのである。

●ホームグラウンドで

人は、慣れない場所では実力をうまく出しきれないもの。交渉ごとも、自分が慣れ親しんでいる場所で行うほうが心理的に余裕をもって臨むことができる。

●相手より目線が高くなる位置に座る

目線の高さは、立場の優位さや心理的な威圧感につながる。高さが違う椅子があれば高い椅子を選び、いろんな材質の椅子がある場合、沈み込んで目線が低くなるソファは避けたほうが無難。

ただし、あからさまな「上から目線」にならないよう、あくまでさりげなく行おう。

⑬ 職場をやめたがる人

環境を変えれば不満がなくなると思っている

不満が理由で辞めるなら それ相応の覚悟が必要

新しい環境に身を置くとモチベーションが上がり、現状に対する満足度が高くなるものです。これは「**ハネムーン効果**※」とよばれる心理効果。心理学者ボスウェルらが行った調査でも、職場で不満がたまり、転職した管理職の多くは、転職直後に職務満足度が高くなったそうです。

　しかし**時間が経つにつれ、職務満足度は再び大きく下がってしまう**こともわかっています。次第にストレスが増え、不満が次々と噴出してしまうのです。これを「**ハングオーバー効果**※」と言います。

　人は現状に飽きたり、行き詰まったりしたとき、新しい場所には新鮮な喜びや可能性が満ちあふれている

WORD ハネムーン効果…新しい環境に身を置くと、モチベーションが高まること。新婚時に気持ちが高まることと同じ効果。

２つのモチベーション

モチベーション（やる気）の源には、次の２つの要素があります。
仕事への満足度を高めるには、自分の内からわいてくるやる気が必要です。

外発的動機づけ

外部からの動機づけ。ときに爆発的な力を発揮するが、持続力はない。走りにたとえるなら「ダッシュ」。

例）
- お金が欲しい。
- ほめられたい、認められたい。
- 世間体を守りたい。

内発的動機づけ

自分の心の中からわいてくるやる気。仕事の効率や能力を高める大きなパワーになる。走りにたとえるなら「マラソン」。

例）
- 仕事内容にやりがいを感じる。
- 会社や会社の仲間が好き。
- 上司を尊敬している。

モチベーションアップの方法

● 目標を具体的に掲げる
「とにかく頑張ろう」ではなく、具体的に掲げるほうがよい。

売り上げ目標
1000万！

● 目標設定は少し高めに
目標が高すぎると意欲が弱まり、低すぎると達成感が得られない。努力すれば達成できそうなくらいのものに。

● 目標は自分で立てる
他人に決められるより、自発的に決めたほうがやる気が出て、達成率が高くなる。

と期待します。そして「この環境を変えよう」と考えてしまいます。実際は環境を変えたとしても、いつかはその状態に慣れ、次第に不満が生じてくることのほうが多いもの。

ただ環境を変えただけでは、幸せは長続きしません。大切なのは、**いまの環境で全力を尽くしてみること。**どうしても環境を変えたいのなら、**「これまで以上に努力をするぞ！」という覚悟をもって臨む**ことです。

もっと！ 他人の心理学

理想を求めて混乱する人も

最近は働く人の選択肢が広がり、転職や転身も珍しくなっています。しかしそのぶん、「もっと自分に合ったところがあるのでは？」と欲が出てきやすいとも言えます。理想を求めるあまり自分を見失い、何をしても充足感がなく、長続きしなくなることも。これを「青い鳥症候群」と言います。

WORD ハングオーバー効果…新しい環境に満足していても、時間が経つにつれ、その満足度が減少していくこと。ハングオーバーとは、英語で「二日酔い」を意味する。

14 ついサボってしまう人

人数が多いと、一人ひとりの責任が薄くなる

共同作業にはメリットとデメリットがある

たくさん人が集まるほど、多くの作業をこなすことができます。しかし、「**ほかの人がやるからいいや**」とサボる人が出てしまうのも事実。

10人いるからといって、10人分の力が発揮できるとは限りません。ある課題を行うとき、ひとりで行う場合よりも、大勢で協力して行う場合のほうが、ひとりあたりの貢献度は低くなることがわかっています。**共同作業では、誰しも無意識に手抜きをしてしまう**のです。これを※「**リンゲルマン効果**」と言います。

こうした手抜きは、集団の人数が多くなり、ひとりあたりの役割や責任が小さくなるほど起こります。手抜きを防ぐには、**集団を少人数のチ**

↘という手抜きの心理が無意識に働き、自分では全力でやっているつもりでも、成果は下がってしまう。「社会的手抜き」「フリーライダー現象」などともよばれる。

ココロファイル 14

人数が多いと手抜きをする！

実験 心理学者リンゲルマンは被験者に綱引きをさせ、ひとりあたりのロープを引く力を調べた。綱を引く人数を変えながら、その力がどう変化するかを調べている。

結果 綱を引く人数が増えるほど、ひとりあたりの力は弱くなった。８人で引っ張ったときは、ひとりのときの半分の力も出していなかった。

綱を引く人数	ひとりあたりが出した力
１人	100%
３人	85%
８人	49%

人数が多いと、一人ひとりの責任が分散し、無意識に手を抜いてしまう！

ームに分け、個人の役割と責任を明確にするなどの対策が必要です。

もちろん、**周囲に人がいることでほどよい緊張感が生まれ、作業効率が上がること**もあります。逆に、他人の目によってうまく集中できず、効率が下がることもあるでしょう。

また、単純作業は複数で行うほうがはかどりますが、**複雑な作業は逆にひとりで行うほうがよい場合も。**作業をどう進めるかは、大事な決断のひとつです。効率の上がる方法は、いつも同じとは限らないのです。

＼もっと！／他人の心理学

仕事が増えすぎると作業速度が上がる!?

人は作業量が増えると次第に反応が鈍くなります。しかし、さらに作業が増えると逆に反応が速くなるそう。つまり、すべきことがあまりに大量にあると、処理速度が速くなることも。

WORD リンゲルマン効果…集団で共同作業を行うとき、人数が増えれば増えるほど、ひとりあたりの成果が低下してしまうこと。心理学者リンゲルマンの実験が由来。「ほかの人がなんとかしてくれるだろう」↗

チームワーク

⑮ お疲れサインに要注意

相手が出すSOSに対してできることは？

感じの悪い態度は心の疲れのせいかも

いつもは元気で明るい人が、ため息をついたり、表情が暗かったり。それは悩みやストレスを抱え、心が弱っている「お疲れサイン」です。放っておくと**うつ病**※を引き起こすこともあるので周囲も注意が必要です。

お疲れサインは人によっていろいろです。**口数が減る**ほか、**無表情の時間が長かったり、不自然な笑顔を見せたり**することも。**ささいな物音を気にする場合**もあり、これを「**注意亢進《こうしん》**」※と言います。エネルギーに満ちあふれているときは周囲の音など気にならないものですが、心が疲れているときは、ささいな音でもうるさく感じてしまうのです。

さらに、**情緒不安定になったり、**

WORD うつ病…気持ちが落ち込む、憂うつになるなどの症状（抑うつ気分）とともに、やる気が起きない、考えがまとまらないといった心の症状、眠れない、疲れやすいといった体の症状などが見られる病気。

いろいろなお疲れサイン

悩みや考えごとがあるときに出てきやすい兆候を知っておきましょう。
相手のお疲れサインをキャッチしたら、いつも以上にやさしく接しましょう。

✔ 口数が減る

極端に口数が少なくなる。話しかけてもうなずくだけの場合も。

✔ 反応が遅い

話しかけても返事が返ってくるのに時間がかかったり、聞き返すことが多くなったりする。

✔ 表情に違和感

無表情の時間が長くなったり、不自然な笑顔を見せたりする。目を見て話さないことも。

✔ 音に敏感になる

周囲のささいな音に対して「うるさい」と感じやすくなる。

うるさい…

✔ 言い返すことが増える

言われた言葉に対して、「そういうわけじゃないけど」「だって…」などと、不快な反応を示すことが多くなる。

なんでそんなこと
言うわけ？
イラ
イラ
?

✔ 情緒不安定になる

急に怒り出したり、泣き出したりすることも。

しくしく
どうしたの？

相手の言うことに対してことごとく反論したりすることもあります。いつもと違う様子に、「なんだか感じが悪い」「ちょっと変？」と思う場面が増えますが、「何か原因があるのでは？」と考えてみることが大切。「何かあった？」とひと言投げかけることで、相手は気持ちを吐き出し、ラクになれるかもしれません。

励ましの気持ちから**「頑張れ！」**と言いたくなっても、その言葉は危険。**すでに十分頑張っている人にはプレッシャーになる言葉**です。「頑張りすぎないで」と見守りましょう。

もっと！ 他人の心理学

無力感に襲われる燃え尽き症候群

仕事熱心な人に起こりやすいのが「燃え尽き症候群」。突然やる気を失い、無力感に襲われます。ゆっくり休養をとり、原因を取り除く治療が必要です。

WORD 注意亢進…ストレスを抱え、心が疲れていることで、いつもは平気な音に対して「うるさい」と感じたり、イライラしたりすること。

ストレス思考をチェック！

自分や周囲のストレスに早めに気づくためにも、ストレスにつながる思考パターンを知っておきましょう。

ストレス思考❶　認知のゆがみ

うつ傾向の人によく見られる思考パターンに、「認知のゆがみ」があります。代表的なものが、一部の出来事から「すべて」に思考を広げてしまう考え方。キーワードは次の３つです。

☑いつも

数回の失敗で「いつも」ダメだと思い込む。

例　試験に落ちてしまった。私はいつも失敗する！

☑みんな

数人の例があっただけで「みんな」と思い込む。

例　上司に叱られた。みんな僕をダメだと思ってる！

☑絶対

100%の「絶対」などないのに、決めつけてしまう。

例　絶対にオレは何をやったってダメなんだ！

●対策●
「いつも」「みんな」「絶対」という言葉を使わないようにすることが大切。

ストレス思考❷　スキーマ（自動思考）

スキーマとは、人が無意識にもっている「〇〇でなければならない」という固有の価値観のこと。こうした思考は頑張るエネルギーにもなりますが、問題につながってしまうことも。

☑社会的に成功せねばならない

前向きなエネルギーにもなる思考だが、ちょっとした失敗で「もう人生終わりだ！」と必要以上に落ち込むことにつながる。

☑すべての人から愛されねばならない

みんなに愛されたいと思うのは自然なこと。しかしこの気持ちが強すぎると、少しの批判で強く落ち込んでしまいやすい。

☑すべてが完璧でなくてはならない

完璧主義の人ほどストレスを感じやすい。悪いことではないが、一度のミスで「もう終わり」と思い、投げやりになってしまうことも。

●対策●
「〇〇でなければならない」ではなく、「〇〇にこしたことはない」と思い、気持ちをラクにしよう。

ストレス思考❸ 原因を「自分」に求めすぎる

物事がうまくいかないときや失敗したとき、その原因をどこに求めるかは、次の４つに大きく分けられます。「自分の努力不足だ」と思う人は、ストレスをためやすいタイプです。

才能・能力のせい

「自分には才能がないからしかたがない」と思う人は、何事にも投げやりな傾向あり。自分に原因があると思いながらもあきらめている、ネガティブ思考。

努力のせい

「自分の努力が足りなかった」と思う人は、ストレスを感じやすい。常に努力しようとするため落ち込みやすい傾向も。ただし、向上心があり、成長するタイプでもある。

課題の難易度のせい

「難しかったからしかたがない」と、責任を自分以外に向けている人は、ストレスは少ない。ただし、目標が低くなりがち。

運のせい

「運が悪かった」と思うタイプはかなり楽観的。ストレスとは無縁かもしれないが、反省しないので成長はしづらい。

親しい人が「うつ」になったら

身近な人がうつ病（▶P178）やうつ状態になってしまったとき、大切なのは気負わず余裕をもって接することです。次のことに気をつけ、肩の力を抜きましょう。

●自分のせいだと思わない

「もしかして、あの言葉がよくなかったのかも…」などと自分を責めるのはダメ。互いのマイナスな感情が連鎖しあって、病状が悪化することもある。冷静な気持ちで支えよう。

●自分の力でなんとかしてあげようと思わない

相手が親しいほど、自分の接し方次第で治るように考えがち。しかし、その気持ちが相手の重荷になることも。うつを治すには、基本的に本人の力に任せるしかない。

●相手の言うことを本気にしない

うつ状態の人は、周囲の出来事をすべてネガティブに捉えてしまう。ときに周囲を責め、傷つける発言をすることもあるが、真に受けないことが大切。

デタラメな数字

Q 1～9の数字をデタラメな順序で並べ、下の欄に書いてください。

解説➡P188

ココロがわかる！

心理テスト

解説編

意識が向いている方向がわかる

あなたが切りとるのは…

A(左上) ➡ **内向的＋ポジティブ型**

内気ながら、前向きなエネルギーをもっているタイプ。ひとりでコツコツと何かをつくりあげたりするのが得意。

B(右上) ➡ **外向的＋ポジティブ型**

まわりの人と関わるのが好きで、エネルギー十分。よい状態と言えますが、行きすぎると周囲は疲れてしまうかも!?

C(左下) ➡ **内向的＋ネガティブ型**

ひとりで過ごしたいという気持ちが強く、エネルギーも低下気味。心や体が疲れている状態なのかも。

D(右下) ➡ **外向的＋ネガティブ型**

まわりと関わりたい、もっと外に出たいという気持ちは強いにもかかわらず、なかなか行動にうつせないタイプ。

研究 画面のどこに意識を置くか

人が画面上で何かを判断する場合、その心理は右のように象徴されると言われています。たとえば紙に自由に絵を描いた場合、左に寄る人は内向的な気持ちをもっており、上に寄る人はポジティブな気持ちをもっていると考えられます。今回のテストのように「どこか一部を切りとる」場合でも、どこを切りとるかによって、意識が向いている方向を知ることができます。

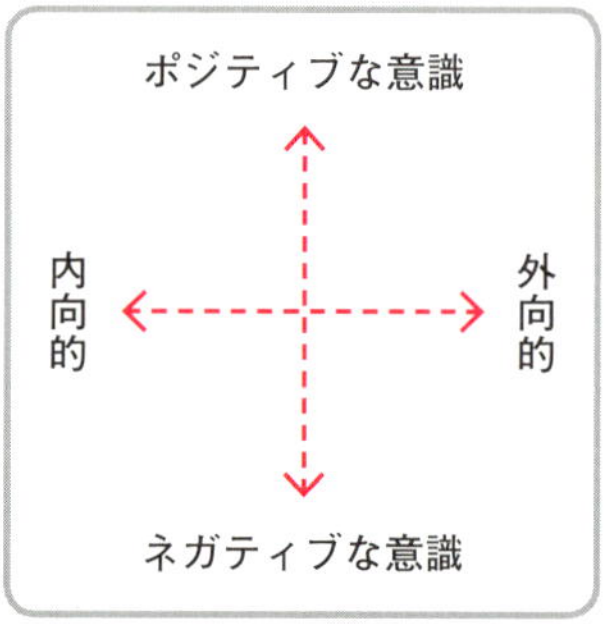

いまの心理状態と異性に抱くイメージがわかる

あなたが描いた人物は…

順番　ほとんどの人が自分と同性から描く。

- 異性から描きはじめた人→異性に対する興味が人一倍強い。

サイズ　ほとんどの人が男性よりも女性を少し小さく描く。

- 女性のほうが大きい➡女性に対する強いコンプレックスや、「女性は男性よりも強い」などの意識をもっている。
- 男性が大きすぎる➡「男性が女性を支配する」などの意識がある。

年齢　大半の人が自分と同じくらいの年齢を描く。

- 自分より上の年齢➡早く成熟したいという気持ちがある。
- 自分より下の年齢➡昔はよかった、昔に戻りたいという気持ちがある。

▼以降、同性の絵で判断

服装

- 服をしっかり描いている➡自分の本質よりも、他人にどう見られるかを強く意識している。
- 裸に近い➡他人にどう見られるかより、自分の本質に興味がある。
- 服にボタンやポケットを描いている➡幼児性や依存性がある。自分の中で足りない何かを埋めたいという気持ちの表れ。

頭

- 頭を大きく描く➡知性に自信あり。または知的さを示したい。
- 頭を小さく描く➡知的コンプレックスを少しもっている。

髪

- 髪の毛が多い、モジャモジャしている➡衝動性が強い。
- 髪の毛が整っている➡自己コントロールや抑制が強い。

目

- 大きな目➡強い好奇心や希望を抱いている。
- 小さい目、細い目➡好奇心を失い気味。心を閉ざしているのかも。
- 目を描いていない➡強い疲労感がある。極度に心を閉ざしている。
- メガネを描いている➡社会から一歩引きたい願望がある。

鼻

- 大きな鼻、尖った鼻➡性的エネルギーを誇示したい。
- 小さな鼻、鼻を描いていない➡性的な興味を隠したがる傾向あり。

口

- 大きな口➡自己主張が強い。攻撃的な話し方をしてしまうことも。
- 小さな口➡コミュニケーションに対しておそれがある。

手

- 手が長くて太い➡成功のためにどんどん行動する。
- 手が細く短い➡行動力は強くなく、内気な面がある。
- 手を組んでいる、隠している➡行動を強くおさえ込んでいる。

脚

- 脚を開いている➡性的に奔放。
- 脚を閉じている➡恋愛モードになりづらいタイプ。

異性の絵からは、異性に対してどんなイメージをもっているかがわかります。

アメとムチのどちらに強く反応するかがわかる

あなたが決めた「偶数が出る確率」は…

90%以上 ➡「ムチ」に対して強く反応するタイプ。何か行動を起こすとき、「こんなマイナスな事態になったらイヤだから頑張ろう」と思う人です。

60%以内 ➡「アメ」に対して強く反応するタイプ。何か行動を起こすとき、「こんなプラスのことが起こるから頑張ろう」と思う人です。

どちらでもない ➡数値が低いほど「アメ」に反応しやすく、高いほど「ムチ」に反応しやすい傾向はありますが、どちらにも反応するバランスのとれたタイプと言えます。

研究　行動の原動力になる「アメ」と「ムチ」

アメリカの心理学者キリアムは、何か行動を起こすときに「アメ」に強く反応する人を「到達欲求型」、「ムチ」に強く反応する人を「回避欲求型」としました。それぞれの割合は約４割ずつで、残り２割の人は「バランス型」だそうです。今回のテストは、「天国」と「地獄」という主観的な概念で行いましたが、ふだんのさまざまな行動を振り返ってみると、より客観的に判断できます。行動を起こすとき、どちらの思考をすることが多いでしょうか。

例

●学生時代に勉強した理由は？

もっとよい成績をとりたいから➡到達欲求型
受験に失敗したくないから➡回避欲求型

●仕事を頑張る理由は？

お客さんに喜んでもらいたいから、評価されたいから➡到達欲求型
怒られたくないから、評価が下がるとイヤだから➡回避欲求型

●休暇をとる理由は？

やりたいことがあるから➡到達欲求型
仕事ばかりでは疲れるから➡回避欲求型

人間関係でトラブルを起こしやすいかがわかる

あなたが選んだのは…

A　なんとなく…

➡正直な説明かもしれないが、漠然とした理由では相手は納得できないもの。トラブル度は90％。

B　いまはそんな気持ちになれなくて…

➡一応理由は説明しているが、「いまは」と言うと、相手は期待してしまうかもしれない。トラブル度は70％。

C　あなたに興味がなくて…

➡理由は説明しているが、これでは相手が「興味をもってもらえば望みがあるかも」と思って頑張ってしまうおそれも。トラブル度は40％。

D　ほかに好きな人がいるから…

➡選択肢の中では最も明確に理由を説明している。相手は「だったらしょうがないか…」と思いやすい。トラブル度は20％。

研究　「アサーティブ能力」でトラブル回避！

「相手をうまく納得させる能力」を、心理学では「アサーティブ能力」と言います。その最も大きなポイントは「理由をきちんと説明しているかどうか」。断るときなど、相手にストレスを与える場面で理由を言わなかったり、理由があいまいだったりすると、相手は強いストレスを感じます。そこからトラブルに発展することも少なくありません。今回のテストは、特にトラブルになりやすい「恋愛」を題材にしましたが、人間関係全般においてアサーティブ能力は大切です。

精神的な余裕があるかどうかがわかる

あなたが並べた数字は…

ランダムに並んでいる　例 395847216

➡ある程度精神的に余裕がある状態。

「そのまんま」の状態　例 123456789

➡精神的にかなり疲れている状態。

一部「そのまんま」の状態　例 418765293

数字が行ったり来たりしている　例 192837465

1から開始している　例 145378629

数字が重複している　例 3849421657

➡精神的に疲れている可能性大。生活を見直したほうがよいかもしれません。また、「どの数字が残っているかな…」と時間がかかった人も、記憶力が落ち気味で、やはり疲れが出ていると考えられます。

研究　精神的な疲れが見えてくる「乱数発生法」

「数字をランダムに並べる」というのは、ある程度の精神的余裕があってはじめて可能なことです。精神状態がよくない場合はなかなかランダムに並べられません。このテストは、精神科医井村恒郎らの論文にある「乱数発生法」とよばれるもの。それによると、精神病（主に急性期）の患者さんは、「123456789」などのように、「そのまんま」に並べることしかできず、再度やってもらっても、「19…」や「28…」のように、離れた数字を行ったり来たりしてしまうそうです。

精神的に健康な人でも、強い疲労を抱えていると、数字をランダムに並べるのはやはり難しくなります。そのため、たとえば山登りなど、非常に精神力を使うことを「決行」するかどうかを決めるために、この「乱数発生法」を使うこともあるそうです。

さくいん

主な参考文献

『愛される人、愛されない人の話し方』ゆうきゆう 著（宝島社）
『相手の心を絶対にその気にさせる心理術』ゆうきゆう 著（海竜社）
『相手の心を絶対に離さない心理術』ゆうきゆう 著（海竜社）
『相手の心を絶対に見抜く心理術』ゆうきゆう 著（海竜社）
『相手の性格を見抜く心理テスト　ゆうきゆうのキャラクター
　プロファイリング』ゆうきゆう 著（マガジンランド）
『打たれ弱～いビジネスマンのためのゆうき式　ストレスクリニック』
　ゆうきゆう 著（ナナ・コーポレート・コミュニケーション）
『おとなの1ページ心理学』1～6巻　ゆうきゆう 原作　ソウ 作画（少年画報社）
『面白いほどよくわかる！心理学の本』渋谷昌三 著（西東社）
『面白いほどよくわかる！他人の心理学』渋谷昌三 著（西東社）
『ココロの救急箱』ゆうきゆう 著（マガジンハウス）
『こっそり使える恋愛心理術』ゆうきゆう 著（だいわ文庫）
『3秒で好かれる心理術』ゆうきゆう 著（ＰＨＰ文庫）
『「しぐさ」を見れば心の9割がわかる！』渋谷昌三 著（三笠書房）
『史上最強図解 よくわかる人間関係の心理学』碓井真史 監修（ナツメ社）
『心理学辞典』中島義明、他編（有斐閣）
『心理学 第4版』鹿取廣人、杉本 敏夫、鳥居 修晃 編（東京大学出版会）
『心理学入門―心のしくみがわかると、見方が変わる』ゆうきゆう 監修（学研）
『「第一印象」で失敗したときの本 起死回生の心理レシピ100』
　ゆうきゆう 著（マガジンハウス）
『たったひと言で心をつかむ心理術』ゆうきゆう 著（徳間書店）
『ダメな心によく効くクスリ』ゆうきゆう 著（日本実業出版）
『ちょっとアブナイ心理学』ゆうきゆう 著（大和書房）
『出会いでつまずく人のための心理術』
　ゆうきゆう 著（ナナ・コーポレート・コミュニケーション）
『「ひと言」で相手の心をつかむ恋愛術』ゆうきゆう 著（ＰＨＰ文庫）
『マンガでわかる心療内科』1～12巻　ゆうきゆう 原作　ソウ 作画（少年画報社）
『見た目でわかる 外見心理学』齊藤 勇 著（ナツメ社）
『もうひと押しができない！ やさしすぎる人のための心理術』
　ゆうきゆう 著（日本実業出版社）
『モテモテ心理術』ゆうきゆう 著（海竜社）
『やられっぱなしで終わらせない！ことばのゲリラ反撃術』
　ゆうきゆう　著（すばる舎）
『やりたいことをぜんぶ実現する方法』ゆうきゆう 著（海竜社）
心理学ステーション　http://sinri.net/

●監修者紹介　ゆうき ゆう

精神科医。ゆうメンタルクリニック総院長。2008 年、上野に開院後、池袋、新宿、渋谷、秋葉原にも開院。カウンセリングを重視した方針で、50 名以上の医師が年間約 70000 件のカウンセリングを行っており、心安らげるクリニックとして評判が高い。また、医師業のかたわら、心理学系サイトの運営、マンガ原作、書籍執筆なども手がける。『マンガでわかる心療内科』（少年画報社）の原作、『ココロの救急箱』（マガジンハウス）など、著書多数。

ゆうメンタルクリニック
上野院　http://yucl.net/　03-6663-8813　上野駅０分
池袋東口院　http://yuik.net/　03-5944-8883　池袋駅１分
池袋西口院　http://yuk2.net/　03-5944-9995　池袋駅０分
新宿院　http://yusn.net/　03-3342-6777　新宿駅０分
渋谷院　http://yusb.net/　03-5459-8885　渋谷駅０分
秋葉原院　http://yakb.net/　03-3863-8882　秋葉原駅０分
ゆうスキンクリニック池袋皮膚科
http://yubt.net/　03-6914-0003　池袋駅０分

●マンガ家紹介　すぎやま えみこ

岐阜県生まれ。名古屋のデザイン会社で広告・雑誌のデザイナーを務めつつ、イラストの仕事を開始。1995 年からイラストレーターとして独立。『犬ゴコロ』（リベラル社）『レズビアン的結婚生活』（イースト・プレス）などではマンガを担当、繊細な感情をユーモラスかつ丁寧に描く独自のイラスト／マンガ世界を構築。

●イラスト ―― 西谷 久
●デザイン ―― 鷹觜麻衣子
● DTP ―― 有限会社天龍社
●執筆協力 ―― 酒井かおる　髙橋由合　内藤綾子　後藤ゆい
●編集協力 ―― 株式会社童夢

「なるほど！」とわかる マンガはじめての他人《たにん》の心理学《しんりがく》

2015 年 5 月 15 日発行　第 1 版
●監修者 ―― ゆうき ゆう
●発行者 ―― 若松 和紀
●発行所 ―― 株式会社西東社《せいとうしゃ》
〒 113-0034 東京都文京区湯島 2-3-13
営業部：TEL（03）5800-3120　FAX（03）5800-3128
編集部：TEL（03）5800-3121　FAX（03）5800-3125
URL：http://www.seitosha.co.jp/

ISBN978-4-7916-2295-5